Angélica Rodrigues Santos e Rogério Olegário do Carmo

FAMÍLIA, AFETO E FINANÇAS

COMO COLOCAR CADA VEZ MAIS DINHEIRO E AMOR EM SEU LAR

GERENTE EDITORIAL
Alessandra J. Gelman Ruiz

EDITORA DE PRODUÇÃO EDITORIAL
Rosângela de Araujo Pinheiro Barbosa

CONTROLE DE PRODUÇÃO
Elaine Cristina Ferreira de Lima

PROJETO GRÁFICO E DIAGRAMAÇÃO
SGuerra Design

REVISÃO
Malvina Tomáz

CAPA
Miriam Lerner

IMAGEM DE CAPA
Paul Viant/Getty Images

IMPRESSÃO
Gráfica Paym

Copyright © 2012 by Angélica Rodrigues Santos e Rogério Olegário do Carmo
Todos os direitos desta edição são reservados à Editora Gente.
Rua Pedro Soares de Almeida, 114, São Paulo, SP – CEP 05029-030
Telefone: (11) 3670-2500
Site: http://www.editoragente.com.br
E-mail: gente@editoragente.com.br

Dados Internacionais de Catalogação na Publicação (CIP)
(Câmara Brasileira do Livro, SP, Brasil)

Santos, Angélica Rodrigues
   Família, afeto e finanças: como colocar cada vez mais dinheiro e amor em seu lar / Angélica Rodrigues Santos e Rogério Olegário do Carmo. -- São Paulo: Editora Gente, 2012.

   Bibliografia
   ISBN 978-85-7312-799-7

   1. Finanças pessoais 2. Poupança e investimento 3. Riqueza 4. Sucesso em negócios I. Carmo, Rogério Olegário do. II. Título.

12-09637   CDD-650.12

Índices para catálogo sistemático:
1. Finanças familiares: sucesso financeiro: Administração 650.12

Dedicatórias

A meus pais, Ivaldo e Nair, que me deram a vida e a meu filho, Davi, a quem pude transmiti-la. Vocês são bênçãos pra mim!

Angélica

A meus pais, Nonô e Dadir, pela vida e pela permissão para voar alto.
Às minhas filhas, Daniela e Gabriela,
pelos ensinamentos ao longo da caminhada.
Vocês são joias raras.

Rogério

Agradecimentos

É impossível nomear todas as pessoas que contribuíram para a concretização deste projeto e deste sonho. Contudo, preciso, e quero, agradecer especialmente a quem esteve mais próximo:

A Deus, essa Força Maior, que nutre e abarca tudo e todos, minha grande fonte de inspiração. Receba, Senhor, minha eterna gratidão pela vida, pela proteção!

A toda minha linhagem de bravas mulheres: minhas tataravós, minhas bisavós, particularmente, dona Clotildes, que veio da Itália, em busca de uma vida melhor e que rompeu padrões; minhas avós Luzia e Catharina.

Aos homens amorosos da minha família, meus bisavós e avós, que as acompanharam e sustentaram, meu respeito e também minha gratidão. Esse livro é um dos frutos de tudo o que vocês viveram e plantaram.

Agradeço a meus pais, Ivaldo e Nair, os ensinamentos, a ética, a honestidade e a disciplina que me transmitiram. Quis a vida que partissem antes da publicação desta obra. Ainda assim, espero que vocês a recebam como expressão da minha profunda gratidão por todo o amor e o trabalho dedicados a mim no meu processo de educação. As dificuldades, emocionais e financeiras que atravessamos, estimularam-me a buscar ajuda e descobrir possibilidades de crescer e dar saltos na vida. Obrigada pela herança amorosa que me transmitiram; por terem sido meus primeiros mestres e amores. Vocês sempre terão um lugar de honra dentro do meu coração.

Aos meus irmãos, Alexandre e Andréa, com quem vivi e descobri coisas lindas e difíceis. Obrigada pelos anos de convivência e de cumplicidade, pelo suporte e pela ajuda nos grandes momentos de mudança. Meus queridos, vocês são a melhor herança que nossos pais puderam me deixar. A amizade, o amor e o apoio de vocês não têm preço!

A Raquel Melo e Vilmar Rego, meus queridos cunhados, o carinho e o apoio de sempre.

Aos meus sobrinhos Tiago, Natália, Lucas, Larissa, Rafael e Henrique. Ser tia de vocês me inspirou a superar desafios e registrar minhas ideias como parte do legado de nossa família. Obrigada por existirem!

Às tias Graça e Anita, o carinho e o amor incondicional. Obrigada por me amarem como sou e me ajudarem a acreditar em mim.

A Neyl e sua família, todo o aprendizado. A partir do que vivemos, pude amadurecer muitos aspectos em mim para escrever esta obra. Obrigada, especialmente, por ter me dado o Davi.

À Daniela e à Gabriela, minhas enteadas, a oportunidade que me dão de exercitar o amor incondicional. A chegada de vocês na minha vida tem me auxiliado a crescer e transpor meus obstáculos internos, no uso da flexibilidade e na ruptura de padrões.

A Danilo e a Rafael, meus genros, obrigada por estarem por perto e alegrar nossas vidas, para continuarmos seguindo em frente.

Ao meu filho, Davi, mestre nessa caminhada, que me trouxe grande motivação e aprendizado para eu olhar dentro de mim mesma de forma mais profunda. Você, querido, encheu-me de coragem para enfrentar as mudanças e acreditar na minha sensibilidade. Nossa convivência me estimula a realizar meus sonhos. Você me ensina todos os dias a alegria da Prosperidade. Você é o maior e o melhor legado que um dia deixarei ao mundo. Obrigada por tornar minha vida mais abundante e feliz!

Ao meu parceiro, sócio, amor e companheiro de estrada, Rogério. Com você, meu bem, este trabalho se tornou mais fácil e motivante. Seu apoio, carinho, incentivo e cumplicidade foram fundamentais para a realização deste projeto. Você me enriquece muito!

Obrigada por serem o meu clã. Sem vocês, eu não chegaria até aqui.

Aos amigos-irmãos, que, sem eles, minha caminhada não seria possível, especialmente a Adriana Lôbo, por todo cuidado, carinho, suporte e ajuda infinitos. Sua amizade e seu amor são como bálsamo na minha vida. Você é um presente valioso para mim! Suas dicas foram contribuições valiosas!

À Heloísa Castro, com quem fiz inúmeras sessões de BodyTalk. Elas foram essenciais para o meu equilíbrio energético e emocional. Suas impressões sobre o livro foram muito especiais. Obrigada, querida, pela sua amizade e pela generosidade em cuidar de mim com tanto carinho, dando-me a oportunidade de aprender a receber, gratuitamente!

À Sônia Caltabiano a disponibilidade para ler e reler este material e dar importantes contribuições. Suas observações foram muito precisas. Sua dedicação e seu detalhamento me nutriram profundamente. Agradeço a dedicação do seu tempo, seu carinho e sua ajuda. Sua amizade também me é especial.

A Álvaro Pimentel, Ana Paula Saad, Beatriz e Walter Leal, Cláudia Andrino, Edméa e Miguel Piazzi, Elaine, Samanta e Ana Maria Pimenta, Elza Tambellini, Fabiana Garcez, Maria Luiza Egéa, Olívia Mendonça e Patrícia Alencar. A convivência com vocês me faz acreditar cada dia mais na força do amor e na riqueza do universo! Obrigada pela amizade e pelo apoio!

Aos mestres e aos profissionais de saúde que me acompanharam nesta caminhada, especialmente Angelita Silva, David Berceli, Giani Cezimbra, Heiner Steckel, Liamárcia Hora, Martha Rocha, Myrian de Campos, Patrícia Salgado, Sabina Petit e Sandra Lila que me ajudaram a refletir sobre meus sentimentos. Recebam a minha deferência e o meu profundo respeito pelo trabalho de vocês.

Aos colegas de formação, das diversas abordagens que estudei, que me apoiaram, compartilharam suas vidas e experiências comigo. Sinto o carinho de todos vocês dentro de mim.

A todos vocês, minha profunda gratidão!

Angélica

* * *

São muitas as pessoas a quem gostaria de agradecer a contribuição, de alguma maneira, para a realização deste projeto. Se mencionasse todas, cansaria o leitor, assim citarei apenas as mais próximas e alguns grupos. Desse modo, quero agradecer:

A Deus, a vida, a proteção durante a minha primeira atividade profissional, a iluminação na segunda atividade e a abundância do mundo.

A meus pais, Nonô e Dadir, os ensinamentos de como lidar com o dinheiro e o incentivo ao estudo, ao trabalho, ao respeito pelos outros, a permissão para que seus quatro filhos alçassem seus voos e se tornassem pessoas respeitadas e muito bem-sucedidas na vida.

A meus irmãos, Vera Regina, Sônia Maura e José Henrique, a vida compartilhada, a amizade e os ensinamentos ao longo da jornada.

A Oscar e Fernando, meus cunhados, que com suas brincadeiras, papos sérios e aventuras tornam a convivência em família muito agradável.

A Terezinha, a convivência, os ensinamentos, a ajuda. Obrigado por ter me dado a Daniela e a Gabriela e ter contribuído maravilhosamente com a educação delas.

A Daniela e Gabriela, tudo o que aprendo com e por vocês diariamente. Obrigado por amaciarem minha couraça, deixando-me mais amoroso a cada dia, pelos risos que me relaxam e pelos choros que limpam minha alma.

A Danilo e Rafael, meus genros, a oportunidade que estão me dando de aprender a vivenciar um novo papel em minha vida. Quero construir laços fortes com vocês.

A Antônio e Petita e sua maravilhosa família, a convivência, os ensinamentos e as amizades.

A Davi, meu enteado, sua genialidade e sua energia me estimulam e me fazem aprender novas lições todos os dias. Muito obrigado por tudo que descubro com você e por injetar juventude em minhas veias.

À Angélica, meu amor e minha companheira de viagem, sua mente luminosa e seu incentivo foram fundamentais para o desenvolvimento desta obra. Obrigado por me contar a fábula da águia e da galinha. Você é rara!

A meus professores, instrutores e colegas de turma da Escola Técnica Pandiá Calógeras, da Escola Preparatória de Cadetes do Ar, da Academia da Força Aérea Brasileira e da Fundação Getulio Vargas – Regional Brasília –, que, de uma maneira ou de outra, ajudaram a formar meu caráter e meu conhecimento.

A meus ex-comandados da 2ª Esquadrilha de Ligação e Observação da FAB, atual 3º/3º GAv, que me levaram ao estudo do assunto Finanças e, indiretamente, abriram-me as portas de um mundo tão fantástico quanto o da aviação.

A Luiz Eduardo Nunes de Gouvêa, Carlos Eurico Peclat dos Santos, Jurandyr de Souza Fonseca, Jair Cordeiro Lopes, Mário Sergio Greskow Martinhão, a amizade, o companheirismo, os ensinamentos e os maravilhosos voos que fizemos juntos. Por meio dessa menção, agradeço, também, aos grandes profissionais da Força Aérea Brasileira que, como vocês, marcaram minha vida.

A Andréia Campos, amiga desde a adolescência, o carinho, a ajuda, o incentivo e a amizade eterna, apesar da distância.

A Cássia Lisieux, as trocas de experiência. Obrigado por acreditar na minha capacidade e no meu conhecimento e por incentivar-me a continuar os estudos sobre finanças pessoais.

A José Arantes da Silva, Marlene Alves Teixeira e Antônio Ricardo Teixeira, pessoas a quem tenho recorrido quando minha saúde física ou emocional sai dos eixos. Suas orientações e seus estímulos são fundamentais em minha vida.

Ao princípio feminino que habita em todas as mulheres, fonte inspiradora, que faz o homem se iludir ao achar que a criatividade e a força são atributos dele.

Aos parceiros de trabalho Aigo Pyles, Renato Nobile e suas equipes, o trabalho sério, a amizade, o incentivo e, especialmente, todo o aprendizado.

Aos mestres e professores de finanças, prosperidade e gestão de pessoas, especialmente a Marcos Silvestre, Míriam Cibreiros e Ian Millais. Vocês contribuíram muito para meu crescimento pessoal e profissional.

A todos que passaram pela minha vida e me ajudaram de alguma forma. A vocês o meu sincero muito obrigado!

Rogério

* * *

Aos profissionais que nos acompanharam nesta caminhada, especialmente a Cornélia Eberhard, Íngala Robl, Irene Taitson, Lorenz e Marlies Wiest, Mariano

Pedroza e Máuria Franco. Vocês são pessoas especiais que nos engrandeceram a alma e fizeram-nos evoluir.

Às secretárias que trabalharam em nossa clínica e escritório, que digitaram, organizaram e cuidaram de nossos materiais e apanhados de estudo nestes anos: especialmente a Núres Batista, Walquíria Lins, Kênia Nóbrega, Aparecida Santos, Ana Marcília, Rejane Souza e Sandra Rodrigues. Obrigado pela presteza e pela eficiência em colaborar.

À Lucimar da Silva, que caprichosamente cuidou da nossa estrutura em casa e nos possibilitou mergulhar neste projeto.

A Vert – Soluções em TIC – e seus sócios, Sérgio Marques e Hiran Silva, o patrocínio que nos ajudou a viabilizar esta obra. Obrigado, especialmente pela amizade e pela confiança em nosso trabalho.

Aos nossos incentivadores Antônio Carlos Valim, Gustavo Cerbasi, Raymundo Magliano Neto, Robert Dannenberg e toda a equipe Expo Money, muito obrigado pelo apoio e por difundirem a educação financeira pelo Brasil. Pessoas como vocês enriquecem uma nação.

A Íris Borges a gentileza em nos apresentar ao mercado. Suas ideias e seu apoio nos impulsionaram a ir adiante. Você é uma inspiração para nós!

À Editora Gente, que nos acolheu e nos lançou no mundo editorial. Obrigado pela confiança e pelo apoio técnico. À Alessandra Ruiz, que nos assessorou de perto e nos ajudou a desenhar o modelo final deste trabalho.

À Sonja Cavalcanti, somos gratos por todas as contribuições. Com você, o texto adquiriu maior leveza e precisão. Sua eficiência e suas dicas foram pontuais!

A todos os pesquisadores e autores que estudamos, somos gratos por compartilharem suas ideias e seus conhecimentos com toda a sociedade.

Aos nossos queridos pacientes, clientes, alunos, supervisionandos e colegas, que nos inspiraram com suas histórias, dificuldades, vitórias e nos incentivaram a colocar todas essas informações no papel. Obrigado por todo o aprendizado e pela confiança.

Às empresas que abriram espaço para nosso trabalho e respeitaram nossas ideias. Obrigado pelo apoio.

Enfim, a todas as famílias que lerão esta obra e que aceitarão o convite de se modificarem e transformarem seu mundo em algo melhor, colaborando, assim, para a evolução da humanidade e um planeta mais saudável. Obrigado pelo investimento nesta obra.

A todos os que nos ajudaram de alguma forma. Recebam nossa profunda gratidão, respeito e os mais sinceros votos de prosperidade!

Angélica e Rogério

Nota dos autores

Todos os casos contados ao longo deste livro são verdadeiros, tendo sido modificados os nomes e algumas características para não serem identificados.

Sumário

Introdução — 19

Capítulo 1 – Quando as finanças atrapalham o lar — 23
As brigas pelo dinheiro — 24

Capítulo 2 – Os significados ocultos do dinheiro — 27
As necessidades de cada família — 28
A pobreza de amor e afeto — 30
A confusão entre valor e preço — 31

Capítulo 3 – As crenças familiares — 35
Crenças saudáveis e crenças não saudáveis — 36
Conscientizem-se de suas crenças — 37
Reprogramem suas crenças — 41
Aprendam a esperar — 44
Atualizem suas crenças financeiras familiares — 46

Capítulo 4 – Nossa herança emocional familiar — 49
Permissões e proibições da família para ganhar dinheiro — 51
O acordo financeiro familiar — 53

Capítulo 5 – As relações naturais na família   55
Reorganizando as relações familiares   58
A inversão de papéis dos avós   60
Deixando os filhos voar   61
Os jogos de poder   63
A cura da família   65

Capítulo 6 – Os cinco passos para a harmonia financeira da família   71
1. Deixem as regras claras desde o início   72
2. Estabeleçam a intimidade financeira da família   78
3. Resolvam pendências financeiras e emocionais   83
4. Entendam as diferenças de perfis   87
5. Evitem ressentimentos   91

Capítulo 7 – Construindo vínculos fortes   97
O ciclo vicioso do consumo   97
O ciclo virtuoso da riqueza   100
Aproveitem as comemorações   101
Não levem mágoas financeiras para a cama   102
Pratiquem a gratidão familiar   103

Capítulo 8 – A educação financeira familiar   107
A importância dos limites   107
Determinem quanto a família precisa   110
As regras da família   111
Até que ponto deve-se atender aos desejos dos filhos   114

Capítulo 9 – Finanças para os filhos ... 119
A noção de valor ... 120
Criem cidadãos do futuro ... 122
Como dar mesada ou semanada ... 124
A participação dos filhos no orçamento ... 128
Como filhos podem obter renda ... 129
Os quatro usos do dinheiro ... 131

Capítulo 10 – Organizando o orçamento familiar ... 133
Façam um plano de voo ... 133
Estabeleçam o orçamento participativo ... 135
Estabeleçam um modelo de divisão de ganhos e gastos na família ... 136
Receitas ... 137
Despesas futuras ... 139
Despesas mensais ... 143
Despesas do dia a dia ... 144
O voo ... 144
Enxuguem gastos ... 146
O enxugamento das despesas futuras ... 148
O enxugamento das despesas mensais ... 149
O enxugamento das despesas do dia a dia ... 153
Pensem nos meses e nos anos seguintes ... 157

Capítulo 11 – Como sair do endividamento ... 161
Dívidas financeiras e dívidas emocionais ... 162
Perdoem as dívidas emocionais ... 164

Ações práticas para sair das dívidas . . . 166
Dediquem tempo para as finanças familiares . . . 169

Capítulo 12 – Aprendendo a investir . . . 171
Dez regras básicas para investir . . . 173
    1. Ter autoconhecimento . . . 173
    2. Conhecer o mercado financeiro . . . 174
    3. Formar uma reserva de liquidez . . . 175
    4. Analisar os riscos . . . 175
    5. Investir com regularidade . . . 178
    6. Pensar no longo prazo . . . 181
    7. Pensar em segurança . . . 182
    8. Maximizar a rentabilidade . . . 183
    9. Fazer comparações . . . 183
    10. Praticar a "Regra do Mineiro" . . . 184

Capítulo 13 – Planejando o futuro financeiro da família . . . 187
Evitem o empobrecimento cruzado . . . 187
O que deixar para seus filhos: heranças e legados . . . 193
Planejem a aposentadoria da família . . . 200
Preparem seus filhos para a vida sem vocês . . . 203
Autonomia financeira e maturidade . . . 206

Palavras finais . . . 209

Referências bibliográficas . . . 213

Introdução

Quando os temas dinheiro e família são colocados juntos, algumas questões delicadas aparecem. Por um lado, dinheiro é necessário para o sustento e o bem-estar de todos. A tarefa para obtê-lo geralmente é grande, contudo nem sempre as famílias sabem administrá-lo da melhor maneira. Por outro, na família estão em jogo as relações mais fortes que temos na vida: as de afeto e amor por nossos filhos, pais, irmãos etc.

Quando dois assuntos assim se juntam, precisamos tratá-los com cuidado, para evitar que surjam os grandes problemas que podem aparecer quando não conseguimos lidar bem com esses temas. Ninguém quer que um prejudique o outro. Entretanto, muito do que é feito em nosso dia a dia talvez seja tentar resolver os conflitos que os dois temas nos trazem quando se entrelaçam. E eles se entrelaçam sempre.

Em nosso trabalho – somos uma psicoterapeuta e um consultor financeiro – vemos que cada vez mais as famílias têm apresentado dificuldades em lidar com dinheiro, e isso causa uma infinidade de conflitos afetivos, e vice-versa. Mesmo as famílias de boa renda e alto nível de escolaridade demonstram inabilidade na gestão financeira de seu lar, relatando bloqueios em montar um orçamento equilibrado e pouco tempo dedicado ao cuidado com suas finanças.

Inúmeras pesquisas apontam que um dos fatores que mais provocam desajustes no lar é exatamente a maneira de lidar com as finanças. Somente quem nunca passou por uma crise econômica pode achar que isso não interfere nos sentimentos, na qualidade da saúde e no equilíbrio emocional de todos.

Se a riqueza pode ser a porta de entrada para uma vida de facilidades, a falta dela reflete-se diretamente na qualidade das relações familiares, e isso é crítico.

Temos visto e acompanhado muitos lares em que há muito amor, mas nos quais, por problemas financeiros, o respeito, a admiração e o desejo de convivência passam a minguar e as famílias não se mantêm unidas.

Escutamos, todos os dias, inpumeras pessoas reclamar que seus rendimentos são insuficientes para atender a todas as demandas de uma vida moderna confortável, por mais que ganhem. Não são poucas as pessoas que gostariam de ter e dar melhores condições de vida para seus familiares. Com tantas dificuldades financeiras construídas nesse panorama, a interação familiar acaba mesmo abalada.

Desde que o brilhante cronista Millôr Fernandes (que infelizmente se foi em 2012) escreveu, no final da década de 1980, que "cada vez está sobrando mais mês no fim do salário", muita coisa mudou na economia do Brasil, na renda, nos hábitos e no padrão de vida dos brasileiros. Contudo, infelizmente, parece que as famílias brasileiras ainda não sabem tudo o que podem fazer para evitar os problemas de afeto e finanças.

As famílias, de modo geral, privilegiam o consumo imediato em detrimento do futuro e continua "a sobrar mês no fim do salário". Não planejam no curto, no médio ou no longo prazos, o que, aliado a uma insuficiente capacidade de organização, à ansiedade de viver tudo hoje e à falta de cultura e de educação financeira, vem criando hábitos de comportamento financeiro e de consumo baseados no crédito. Isso resulta em dificuldades, pois as quantias gastas com o pagamento de juros, resultantes desses créditos, impedem as famílias de chegar a um futuro financeiro de tranquilidade e liberdade. O resultado são famílias com endividamentos crônicos e gastos imensos com juros, incapazes de planejar um orçamento mensal e tomar decisões financeiras adequadas por falta de educação financeira.

Todos os dias, observamos que a maioria das famílias não faz um orçamento mensal completo, que gasta, imediatamente, tudo o que recebe, ou até mais, que se utiliza de créditos rotativos, de cheque especial, de pagamento mínimo de cartão de crédito, dos financiamentos para o consumo de bens duráveis que poderiam ser adiados, e ainda fazem estoques, principalmente após encontrar "promoções imperdíveis", além de postergar pagamentos e pagar juros. Para completar, não investem e, quando o fazem, por desinformação optam por ativos ruins. A maioria mantém altas as despesas mensais, sem deixar um excedente para ser multiplicado e gerar reservas, e quando fazem isso é esporádico, ou seja, é a exceção e não a regra.

Segundo o IBGE, mais de 75% das famílias brasileiras têm algum tipo de dificuldade para chegar ao fim do mês com a sua renda familiar. Esses dados se mostram ainda mais negativos ao observarmos que as famílias estão gastando mais com lazer e festas do que com previdência ou bens mais permanentes.

Com problemas financeiros, as pessoas que mais poderiam se apoiar e se proteger passam a brigar, discutir, cultivar sentimentos dolorosos e, infelizmente, podem perder sua grande referência e porto seguro na vida.

O dinheiro foi inventado para ser um instrumento de troca, uma ferramenta para caracterizar basicamente as transações comerciais. Todavia, ele também aparece nas relações afetivas. Se ele é algo que permeia e define se há uma relação profissional envolvida, o que o faz entremear as relações emocionais entre os indivíduos?

Isso acontece porque não pagamos apenas por bens materiais, serviços e outros. Pagamos ou tentamos pagar aspectos subjetivos, como tempo, afeição, culpa, vingança, hostilidade, justiça etc. com dinheiro ou com a retirada dele. Por exemplo, um pai que trabalha muito e sente-se culpado por não estar o suficiente com a família brinda-a com belas férias em um local maravilhoso e caro, nem sempre com condições para isso, como forma de compensar sua ausência; o filho que desobedece à mãe tem como castigo a retirada da mesada, e outras situações comuns. Entretanto, não podemos reparar questões emocionais com dinheiro.

Muitas vezes, tentamos exteriorizar pelo dinheiro o que está em nosso coração, em nosso ser. Se as pessoas falassem, sentissem e expressassem mais o "eu sinto muito por ..." ou o "eu te amo", elas precisariam gastar muito menos com presentes, roupas e outros bens materiais.

Podemos também agregar valor ao dinheiro. Ele pode ser o catalisador de possibilidades de descanso, diversão, saúde, tensão ou sofrimento. Com o dinheiro, podemos promover uma vida com mais qualidade, adquirindo bons produtos e serviços, mas também podemos construir uma vida cheia de desconfianças e solidão. Depende do significado que damos a ele. O dinheiro tem sua energia e precisa circular. Até a água, se ficar parada, apodrece. Dinheiro foi feito para ser usado, aplicado, investido, gasto de forma consciente e saudável para trazer mais bem-estar e saúde.

Quando se aprofunda na relação das famílias com o dinheiro, aparecem dificuldades de relacionamento, de colocação de limites, sentimentos de vingança, culpa ou tentativas de reparação de danos causados em outras esferas, ligados ao amor e à aceitação. Cada um, ao se casar, leva sua bagagem e suas referências financeiras para a nova família que está constituindo.

Escrevemos este livro justamente para ajudar as famílias a aprenderem a lidar melhor com o dinheiro, tanto em seus aspectos práticos quanto no entendimento de suas raízes psicológicas, afetivas e emocionais. A falta de educação financeira em nosso país, por ser um assunto ainda muito recente, ao qual poucas pessoas têm acesso, dificulta ainda mais as relações com as finanças.

Como sair desse emaranhado em que dinheiro e afeto se misturam? Como sair de uma crise financeira sem desmoronar o lar? O que se deve deixar para os filhos? Como ensiná-los a lidar com dinheiro? Como não sacrificar o amor em nome de *status*, conforto e consumo?

Nossa proposta é oferecer diversas ferramentas práticas para que os leitores possam se identificar com o problema e encontrar diferentes soluções, que se adaptem à sua realidade, para viver felizes e realizados em sua família. É isso o que mostraremos nas páginas a seguir.

Capítulo 1
Quando as finanças atrapalham o lar

As dificuldades de gerar riqueza, investir e planejar o futuro têm colocado muitas famílias em um ciclo interminável de problemas financeiros, emocionais e sociais, independentemente de sua renda.

As crises conjugais motivadas pelo dinheiro têm aumentado cada vez mais. O crescimento da carga de trabalho para buscar mais recursos e fazer frente aos gastos excessivos tem provocado inúmeras doenças psicossomáticas, decorrentes da falta de lazer e descanso.

Viver dentro de um padrão de vida acima das reais possibilidades, tendo despesas maiores que as receitas, tem sido um dos principais motivos do endividamento crônico, que vem crescendo a cada dia.

Muitos pais sentem-se angustiados por não poderem colocar seus filhos em um colégio considerado excelente. Há aqueles que tentam dar tudo o que consideram primordial para a educação de sua prole, mesmo que, para isso, envolvam-se em um processo crescente de empréstimos.

Parece que as regras, os papéis de cada um e os objetivos não estão bem definidos no ambiente familiar. Isso acaba gerando dívidas, que precisam ser eliminadas, não só como uma forma de acabar com o desperdício de dinheiro (pagar juros é o mesmo que "rasgar dinheiro"), mas também como uma maneira de parar de viver no passado. Quem paga juros está olhando para trás. Com as contas quitadas pode-se projetar o futuro, sem deixar resíduos para a próxima geração.

As brigas pelo dinheiro

O dinheiro já provocou brigas na sua casa, colocando você e seu cônjuge em uma situação de desentendimento em decorrência de decisões financeiras equivocadas?

Você já se sentiu assustado com a possibilidade de não ter uma renda satisfatória para você e sua família no futuro?

Já se viu obrigado a pagar por coisas que, no fundo, não queria e não soube dizer "não"? Já se percebeu dizendo "sim" para um filho sem poder?

Que exemplos você está dando aos seus descendentes?

Você já sentiu medo de seu casamento não resistir à tensão financeira provocada pelas dívidas avassaladoras, geradas por um orçamento mal planejado ou pela inexistência de um orçamento? Se você dá "boa educação", mas se endivida para isso, logo, você está ensinando seus filhos a se endividarem, transmitindo mensagens incongruentes. Será que vale realmente a pena? Talvez, ainda, você já tenha vivido situações financeiras difíceis que eclodiram em uma separação e, agora, em seu novo casamento, você não quer que elas se repitam.

Muitos indivíduos revivem questões emocionais de antepassados de sua família sem perceber. São aquelas histórias que se repetem, sem explicação aparente. É uma maneira de perpetuar uma rede de problemas, que só se atualizam e se reeditam, em uma tentativa inconsciente de resolvê-los, geralmente, sem êxito. Os pais que trabalham suas limitações e as resolvem (vencendo-as ou aceitando-as), não as transmitem para a próxima geração, como um fardo a ser carregado.

Surpreendemo-nos com grande frequência com pessoas que fazem investimentos financeiros ignorando totalmente suas condições, não só os riscos, como também as taxas, as carências, os valores mínimos para resgate e as regras de tributação. No caso de produtos de previdência, deparamo-nos com pessoas que os contrataram sem conhecer os tipos de papéis em que o dinheiro é aplicado, as regras tributárias, o prazo do investimento e o valor do benefício a receber na aposentadoria, bem como a forma como esse benefício será pago, se em parcela única ou mensal, e por que prazo.

Também é grande o número de pessoas para as quais os investimentos se resumem apenas a imóveis, caderneta de poupança, títulos de capitalização e consórcios, fantasiando que produtos mais eficientes são para os investidores que possuem altas somas de dinheiro. Observamos que o desconhecimento é geral sobre as possibilidades do mercado de investimentos.

Vocês já se viram investindo dinheiro para um sonho e em dado momento foram ao banco e o resgataram, simplesmente porque descontrolaram o orçamento e acabaram jogando o sonho pela janela? Vocês já se viram com uma boa quantia em dinheiro no banco e, achando que ela não estava rendendo nada, resgataram-na para dar entrada em um carro ou uma casa e ficaram sem dinheiro e, pior, agora com enormes prestações, pagando juros em vez de recebê-los?

Algumas famílias consideram a sua receita bruta como cálculo de seus recebimentos. Também é comum somar como "receita" os limites de cheque especial. No entanto, cheque especial não é um dinheiro seu, mas do banco, e o uso dele tem um custo elevadíssimo, traduzido em taxas de juros e impostos.

Vocês já se viram tendo despesas extras ou despesas ocultas, aquelas que apareceram e vocês não tiveram tempo de se preparar para elas? Vocês são vítimas da já conhecida sobrecarga de gastos do fim e do início do ano?

Nos próximos capítulos, mostraremos os significados ocultos do dinheiro, que podem condicionar comportamentos indesejáveis como os que acabamos de descrever. A partir daí, mostraremos como o hábito saudável de planejar transformará suas finanças e trará mais harmonia e felicidade ao seu lar.

Capítulo 2
Os significados ocultos do dinheiro

O dinheiro pode ser usado como símbolo de muitas coisas e está por trás das mais diferentes relações humanas: afeto, agradecimento, carência, poder, compensação, remorso, ressentimento, *status*, reconhecimento, premiação, punição, autoafirmação, pertencimento, hostilidade, amor, ajuda, exploração etc.

Ele serve tanto para afastar quanto para aproximar as pessoas, e normalmente gera duas atitudes muito fortes, antagônicas e complementares: repulsa e apego.

Quem consegue enriquecer, para se manter assim, precisa ser capaz de lidar com essas ambivalências em relação ao dinheiro, pois ele é algo que estimula nas pessoas os mais variados sentimentos, que precisam ser aceitos e digeridos em relação a si mesmas e aos outros.

Para permanecer rico é preciso ser capaz de lidar com os conflitos referentes ao contato humano, especialmente o amor e o ódio. Por quê? Porque aprendemos muito cedo na vida a separar amor de ódio, aprendemos que "quem ama não odeia", mas, na verdade, esses dois sentimentos são parte da mesma questão, são dois lados da mesma moeda, e não existe um sem o outro. Um fica explícito e o outro implícito, escondido.

Em algum momento, a moeda vira e o que estava oculto aparece, porque acontece uma crise, uma situação que desencadeia o que estava guardado. Aprendemos a mostrar nosso amor e a esconder nosso ódio. Sentir ódio é "feio", é "pecado", algo ligado à falta de educação e de boas maneiras. A sociedade estimula os indivíduos a mostrar a riqueza (e até a esnobar) e a esconder as dívidas. Precisamos aprender a juntar os dois aspectos e a integrá-los, pois só assim seremos verdadeiramente fortes, inteiros e, por conseguinte, ricos.

O dinheiro também está ligado ao poder. Em nossa sociedade, quem tem dinheiro manda, desmanda, ordena, controla, aparece! Ele fomenta a ilusão de poder. Antes de tudo, porém, precisamos nos lembrar de que somos nós que colocamos poder nas mãos dos outros. O dinheiro em si não é capaz disso.

Muitas vezes, aprendemos a associar dinheiro a segurança e proteção. Quando a família não tem dinheiro suficiente para prover suas necessidades básicas, isso pode trazer muita insegurança e tensão para viver a vida. Às vezes, só o fato de não possuir uma casa própria já é motivo de inseguranças e estresse. Vejam o velho dito popular: "Quem casa, quer casa". Em nossa cultura, poucas pessoas não se angustiam morando de aluguel. O ser humano busca várias formas de sentir-se protegido e acumular dinheiro e bens, e isso pode ser uma maneira inconsciente de sentir-se seguro.

As necessidades de cada família

Cada indivíduo possui muitas necessidades importantes a atender para que tenha um desenvolvimento saudável dos pontos de vista emocional e social. Essas necessidades precisam ser supridas, na infância, inicialmente pela família, depois por outros grupos dos quais a criança vai fazer parte: escola, comunidade em geral etc.

Na vida adulta, essas necessidades ainda precisam ser cuidadas e atendidas para preservar um bom estado de saúde.

Fazendo uma comparação, é como se cada pessoa fosse uma casa. Depois de construída, com o tempo, essa casa precisa de cuidados e de manutenção para se manter funcional. Há casas que precisam passar por uma grande reforma, outras necessitam apenas de pequenos reparos. Com os seres humanos acontece algo similar: há aqueles que precisam de profunda reestruturação para desfrutar de uma vida saudável, com boas relações, finanças equilibradas e qualidade de vida.

Hoje, já se sabe que o equilíbrio financeiro é resultado de uma vida emocional também equilibrada. Na verdade, esse é o ponto de partida. Podemos dizer que, para ter uma vida emocional sadia, é preciso que sejam atendidas, no mínimo, quatro necessidades básicas: amor, confiança, aceitação e pertencimento.

- **Amor:** a relação de amor que tivemos com nossos pais é algo que está profundamente marcado dentro de nós. Precisamos nos sentir amados, importantes e queridos pela família em que nascemos. Isso é essencial para a construção de nosso equilíbrio interno. Esse amor precisa ter sido expresso também por meio de gestos e de contato físico carinhoso e não só de palavras ou de intenções.
- **Confiança:** a confiança que nos foi depositada é outro aspecto importante, pois mostra quanto sentimos que nossa família confiou em nós e reconheceu nossas tentativas de explorar o mundo e descobrir as coisas; tarefas que nos foram delegadas porque nossos pais acreditaram que somos capazes e reforçaram nossa autoconfiança.
- **Aceitação:** o sentimento de aceitação que tivemos dentro de nosso lar nos ensinou a sermos respeitados em nossas ideias, opiniões e atitudes, e a gostarmos de nós mesmos, cultivando uma boa autoestima.
- **Pertencimento:** a sensação de pertencer à nossa família, como um membro importante na engrenagem, é fundamental. É importante nos sentirmos desejados por nossos pais. Essa certeza ajuda-nos a

ter um espaço especial dentro de nosso clã e depois, mais adiante, a achar nosso lugar no mundo.

À medida que somos mais satisfeitos nessas necessidades, mais nos sentimos integrados à vida. A falta dessa vivência familiar acolhedora nos influenciará a querer ter certo *status* na sociedade, que tem a ver com uma necessidade de aceitação e de inclusão social. Todo indivíduo precisa pertencer a algum grupo social, porque somos seres gregários e não conseguimos viver saudavelmente fora de uma turma.

O primeiro "bando" é a família. Quem não se sentiu aceito pela família buscará isso pela vida afora. Desse modo, quanto menos a pessoa recebeu amor, confiança, aceitação e quanto menos se sentiu fazendo parte de seu clã, mais terá necessidade de se sentir incluída na sociedade, e mais precisará manter um *status*.

Muitos indivíduos consomem coisas de que verdadeiramente não precisam para se sentirem pertencentes a um grupo. A moda é um exemplo disso. É comum vermos alguém usando coisas que estão na moda e que, na verdade, não têm a ver com o seu estilo (ou o seu tipo físico). Isso pode ser uma tentativa inconsciente de se sentir amado e aceito por um grupo.

A família é um grande espaço para as trocas afetivas, uma imensa experiência de compartilhar a vida, nos seus momentos agradáveis e difíceis. Quando essas trocas não acontecem de maneira natural e balanceada, muitas delas são canalizadas para as finanças. Nossa relação com o dinheiro reflete como vivemos as trocas dentro de casa e depois mundo afora.

A pobreza de amor e afeto

Quando as trocas de afeto e companheirismo são pobres no seio familiar, pode-se ter uma necessidade maior de materializar o carinho não expresso em forma de presentes. Os presentes têm um valor simbólico, pois têm um significado subjetivo. Tentamos dar o carinho ou a paciência que não conseguimos manifestar por meio de um brinquedo novo ou chocolates aos filhos.

Em virtude disso, para medir esses sentimentos, que são na verdade imensuráveis, usamos na sociedade um padrão material, que é mensurável: o valor monetário dos presentes. Quanto mais caro o presente, mais amor e afeto pensamos dar à pessoa presenteada. Essa é uma mistura bastante frequente, da qual as pessoas às vezes nem tomam consciência.

Então, não é bom expressar o afeto por meio de presentes? É importante ter claro que amor é amor, dinheiro é dinheiro. Ambos são distintos e um não substitui o outro. Entretanto, desde que seja algo dentro das suas posses e que seja um desejo genuíno de vocês pode ser legal, sim, homenagear o outro também com algo material, mas não somente. Aproveitem para expressar também seu carinho com palavras e gestos.

A confusão entre valor e preço

Infelizmente, muitas pessoas atrelam seu valor pessoal ao preço pago pelo presente recebido, como, por exemplo: "Só isso? Eu mereço muito mais!". Isso acontece especialmente com indivíduos que vieram de famílias nas quais o dinheiro era uma demonstração de afeto e, às vezes, até sua substituição. Também encontramos o contrário: "Nossa! Isso tudo? Não precisava, que exagero!", e isso, geralmente, está relacionado às pessoas que têm dificuldade de receber, por terem tido vivências em que receberam muito pouco.

Muitas famílias têm o costume de dar presentes caros como forma de exteriorizar seu afeto e apreço aos familiares. Entre cônjuges, isso é bem comum, criando-se muitas expectativas. Presentes caros também podem ser uma tentativa inconsciente de reparar ou aliviar a culpa que um dos parceiros sente por não conseguir amar, não conseguir ser gentil e amoroso com o outro ou ainda por não conseguir estar presente como gostaria.

Há também alguns casos em que parceiros tentam "acalmar" o outro com um belo presente quando há suspeita de infidelidade. Aqui o presente pode ser a substituição de algo como "Não consigo, não quero dar o meu amor a você, então lhe dou esta joia". Inconscientemente, o outro sente que o parceiro não está pleno com ele e às vezes também quer ou até exige uma reparação financeira e pensa algo como "Já que ele(a) não pode me dar seu amor, sua fidelidade, ele(a) tem de me dar, no mínimo, seu dinheiro".

Por outro lado, presentear também pode ser um jeito de externar a gratidão. É importante distinguir gratidão de dívida. Podemos nos sentir profundamente agradecidos e expressar isso, sem precisar, necessariamente, dar algo material em troca. Quando as pessoas estão inteiras em uma relação e entregues, o presente material é apenas um detalhe, que é importante, mas não o mais importante.

Se vocês podem dar presentes caros sem comprometer o orçamento da família, isso, na verdade, é um ato de generosidade e de partilha da riqueza que tem com o outro. E isso é muito bom! Façam sem culpa, curtam e desfrutem da possibilidade de presentear quem vocês amam.

Marido e mulher, filhos e pais tendem, muitas vezes, a cobrar dinheiro como pagamento por aguentar coisas um do outro, por perdoar ou mesmo por esquecer mágoas e ressentimentos. O dinheiro nesse caso pode ser uma forma de se desculpar ou de obter o perdão por algo destrutivo. Há até mesmo essa conotação social, uma vez que o dinheiro também é usado para reparar danos morais, emocionais e sociais nos tribunais.

Na sociedade ocidental, há estreita conexão entre amor e dinheiro. Nem sempre o amor é demonstrado entre pessoas que se amam e muitas vezes o dinheiro é usado para exprimir os sentimentos de afeto.

O dinheiro também pode ser usado para agredir quando se está com raiva e esta não pode ser assumida ou expressa claramente. É um jeito infantil de lidar com a agressividade. Por exemplo: no caso de uma família em que o marido sustenta financeiramente a casa, a esposa, quando se aborrece com ele, pode aproveitar para descontar sua raiva gastando além do que o orçamento permite. Dessa forma, ela se vinga dele, que tem de trabalhar mais para pagar as dívidas. Em vez de expressar diretamente seu aborrecimento para ele, de forma adulta, a esposa agride seu cônjuge indiretamente. Ou vice-versa.

O uso do dinheiro pode também manifestar uma necessidade de compensação. A mãe que sente que errou muito com o filho pode ser mais permissiva quando ele precisar de limites ou pode se culpar pelo fracasso dele nos estudos, sentindo-se obrigada a sustentá-lo mesmo sendo adulto.

Já escutamos inúmeras histórias de pais que diante da pergunta de seus filhos: "Pai (ou mãe) por que você trabalha tanto e fica tanto tempo longe da gente?" E o pai responder: "Para poder te dar esse quarto bacana" (ou esse brinquedo ou aquela viagem à Disney) e o filho retrucar: "Mas eu não quero nada disso. Eu prefiro não ter nada e ter você perto de mim". Até que ponto vocês estão dando o que realmente os filhos querem? Trabalhar muito e comprar bens materiais pode ser algo importante para você e não para sua família. Pode ainda ser um jeito inconsciente de ficar longe dela. Nem sempre muito contato e aproximação física são fáceis de vivenciar. Para algumas pessoas, é mais fácil demonstrar amor com bens materiais.

O dinheiro também fala da forma de cada um estar no mundo adulto, pois dinheiro é uma ferramenta construída pelos adultos. O equilíbrio das finanças vai mostrar como anda a maturidade emocional do indivíduo.

A partir do que foi descrito, é importante vocês descobrirem os significados mais secretos do dinheiro para ambos. Para poder dar saltos financeiros, é necessário estar em paz internamente. O dinheiro é um instrumento que sinaliza quão equilibrados ou desequilibrados vocês estão internamente. A desorganização emocional reflete-se no bolso. Antes de arrumar as finanças, experimentem olhar para dentro de si e procurem descobrir o que precisa de mudança. Depois, arrumem as gavetas e armários. E, finalmente, então, partam para organizar o orçamento!

Exercício em família

Conversem sobre dinheiro de forma mais clara entre vocês. Incluam os filhos, se eles já tiverem mais de 12 anos. Sugestões para a conversa:

- Falem sobre as despesas da família, as dívidas e os investimentos, se vocês tiverem.
- Vocês estão ganhando e gastando o dinheiro como gostariam? O que pode ser mudado?
- Como se sentem: confortáveis, vulneráveis, constrangidos, inseguros, tranquilos ao falar abertamente sobre dinheiro?
- Quão vocês se sentiram fazendo parte e bem-vindos ao seu clã?
- Vocês dão dinheiro a alguém ou sustentam alguém? Por quê?
- Que valor cada um de vocês dá ao dinheiro, de maneira geral? Que valor sua família de origem dá ao dinheiro?
- O que sentem quanto ao dinheiro: desejo, excitação, medo, raiva, repulsa, nojo, inveja, admiração?
- Se vocês ficassem milionários, em que isso mudaria a vida de vocês? Vocês se sentiriam ameaçados? Seriam mais aceitos socialmente por isso? Sentiriam culpa ou pena de quem tivesse menos que vocês? Como sua família de origem reagiria? E a atual?
- Detectem o que o dinheiro pode e o que não pode comprar. O que vocês realmente querem dar a um filho quando lhe dão dinheiro?
- Como está a partilha na família: afetos, experiências, apoio, companheirismo e outros? Como está a troca de presentes entre vocês? O que realmente querem oferecer? Há tradição e, às vezes, a obrigação de presentear nas datas festivas? Como vocês se sentem nessas ocasiões?
- Há quanto tempo vocês não escrevem cartões e bilhetes carinhosos uns para os outros? Há quanto tempo não dizem "eu te amo"?

Capítulo 3
As crenças familiares

As crenças são os valores que construímos na infância, que têm a ver com toda a herança familiar e social, com o modelo dos nossos pais e com tudo o que aprendemos sobre nós mesmos e sobre o mundo. Esses valores ficam presentes em toda a nossa vida, mesmo que nem nos lembremos deles. Participam ativamente da conversa interior que nos convence sobre nossa possibilidade de conseguir ou não qualquer coisa em nosso dia a dia. Temos crenças pessoais sobre dinheiro e riqueza, incutidas em nós desde os primórdios da nossa existência, que vão passando de geração em geração.

Em geral, a sociedade nos ensina algumas crenças, como a de escolher entre dinheiro e amor. São mensagens que limitam nossas possibilidades, do tipo: "Se você for rico, ficará solitário, rodeado por pessoas oportunistas e interesseiras" ou "Quem ama não precisa de dinheiro" ou "Quem ama, aguenta tudo" ou "Quem ama, tudo suporta" ou "Querer ter um casamento bacana, com muito amor e ainda enriquecer? Isso é coisa de novela!".

Esses são muitos dos ensinamentos que aprendemos ao longo da vida. No entanto, por que temos de escolher entre amor e dinheiro? Por que não podemos ter os dois? Na verdade, podemos! Será que há uma voz dentro de vocês dizendo: "Ah, mas é bom demais para ser verdade... ser rico e feliz no amor? Isso não existe! Só em filme!".

Viver com abundância em tudo, ou em apenas algumas áreas da vida, depende do nosso programa interno de funcionamento, mas, felizmente, é possível mudá-lo, e o primeiro passo é reconhecer como ele é.

Crenças saudáveis e crenças não saudáveis

Tudo o que aprendemos com nossos pais e com a comunidade em que vivemos (escolas, instituições religiosas etc.) sobre dinheiro fica registrado em nosso inconsciente. Esses registros nos influenciam fortemente em nossas decisões financeiras, mesmo que não nos lembremos das falas e das situações.

Algumas crenças que desenvolvemos na infância não são sempre saudáveis, porque são resultado de uma experiência traumática ou confusa da qual nós nos esquecemos. A maneira como nós, consciente ou inconscientemente, vemos o mundo em termos de dinheiro é geralmente baseada nesses valores.

Nosso inconsciente é responsável por nossa estrutura emocional e nossas escolhas. Já nosso consciente está ligado à nossa força de vontade e ao esforço. Agir com esforço (*ex-forço*), significa usar uma "força extra" que nos esgota, exaure-nos e faz qualquer um desistir. Fazer as coisas com esforço sugere realizar algo que vai além do nosso limite, que nos desgasta.

Viver sem esforço é fazer as coisas com leveza, com prazer e nutrir-se de cada experiência que a vida traz. Significa deixar a vida fluir. As mudanças mais profundas não são feitas com esforço, mas pelo empenho, pela dedicação, e sem esgotamento. Não são feitas racionalmente, mas de modo vivencial (emocional).

Nosso inconsciente deseja o prazer, o alívio e a satisfação de qualquer necessidade. Ele decididamente não quer o sofrimento. Por isso, quando nos impomos fazer um regime alimentar ou financeiro, isto é, ficar em estado de privação, nosso inconsciente vai encontrar, instintivamente, uma compensação. Começamos a fazer dieta para emagrecer e começamos a fumar mais ou a gastar mais. Começamos a fazer economia e, em determinado momento, perdemos o "controle", gastando, em um dia, tudo o que juntamos em três meses.

Nosso inconsciente é como um lado criança que todos nós temos e que se manifesta muitas vezes sem a autorização do nosso lado consciente, mais adulto. E, como uma criança, esse lado rebela-se e faz sabotagens quando não é atendido nos seus desejos de prazer. Esses são os boicotes internos que produzimos, aquilo que fazemos e que nos atrapalha na concretização do objetivo traçado, seja emagrecer, seja enriquecer.

Se desejam organizar as finanças de sua família, vocês precisam, antes de mais nada, perceber a relação pessoal que cada um tem com o dinheiro e também a do seu cônjuge. Vocês vão passar para seus filhos muito além do que falam. Vão passar o que sentem em relação ao dinheiro, o que esperam da vida, mesmo que não digam isso em palavras.

Conscientizem-se de suas crenças

Ter conhecimento (consciente) é importante para fazer escolhas diferentes. Contudo, isso só não basta! Se assim fosse, não teríamos médicos fumantes, nem economistas endividados. Tomar consciência é o primeiro passo. Todavia, também é necessário olhar para as questões emocionais (inconscientes) que podem impedir a tomada de decisão e o processo de mudança de atitude. Ter informação é diferente de ter conhecimento. O conhecimento sugere uma vivência e uma assimilação da informação, como uma elaboração que nos leva a absorver algo, como em um processo de digestão alimentar.

Por isso, é importante que vocês, como família, adquiram informação e a transformem em conhecimento, que acontecerá quando puderem vivenciar experiências financeiras novas. Experimentem consertar algum eletrodoméstico em casa em vez de levá-lo ao conserto. No caso das mulheres, ousem cuidar uma do cabelo da outra, em vez de terem o gasto no salão. Além de construir mais aproximação, pode ser um jeito interessante (e até divertido) de enxugarem alguns gastos.

Se um de vocês vem de uma família humilde, na qual aprendeu que tudo na vida só se consegue com muito esforço, trabalho, dureza e dificuldade, tem formada uma verdade dentro de si. Isso está registrado no seu inconsciente e influenciará suas escolhas e suas atitudes diante do trabalho e do dinheiro.

Se o outro nasceu em uma família com muitos recursos e não precisou se sacrificar para chegar onde está, provavelmente terá um registro de que não é necessário "pegar no pesado" para conseguir as coisas. Se seus pais constantemente o "salvavam" de pequenas "falências financeiras", você pode ter registrado que "se esperar, sem fazer nada, a ajuda aparecerá". Assim, cada um de vocês pode ter experiências diferentes em relação a conseguir dinheiro.

Será que vocês escutaram, por exemplo, que muito dinheiro é algo perigoso, porque as pessoas ricas são extremamente visadas e que, quando se cresce muito, os outros ficam com inveja; ou que, quando se tem um carro bonito e confortável, logo virá alguém para riscá-lo?

Se vocês aprenderam que uma pessoa é rica porque roubou e que trabalho honesto não enriquece, vocês, sendo honestos e éticos, recusarão inconscientemente todas as possibilidades de melhoria financeira. Se, no fundo, vocês acreditam que dinheiro é algo amaldiçoado, que traz um monte de problemas, que os ricos são pessoas que têm dinheiro e conforto, mas que atraem desgraças e coisas ruins, vocês, sem perceber, podem se bloquear para enriquecer.

É comum ser noticiado na televisão que um dos membros de uma família milionária se suicidou ou foi assassinado. Muitas pessoas tendem a pensar: "De que adianta ter muito dinheiro, se a família é desestruturada e sofredora?"; "Prefiro ser pobre a ter esse tipo de problema", como se em uma família pobre isso não acontecesse.

Agora, imaginem, cada um de vocês com seu aprendizado financeiro. Se vocês tiverem tido experiências de vida similares, fica mais fácil a comunicação entre vocês. E se tiverem tido vivências muito distintas, fica mais delicado e desafiador encontrar um ponto de equilíbrio em que possam educar os filhos e crescer como casal, inclusive financeiramente.

Procurem observar que palavras vocês costumam usar quando se referem a dinheiro, riqueza, organização do orçamento: cuidar das finanças é estimulante ou chato? Poupar é um esforço ou é divertido? As palavras usadas desencadeiam emoções dentro de cada um e ativam o cérebro de maneiras diferentes.

O cérebro humano funciona com base em uma programação, como um computador. Vocês podem alterá-la em uma direção mais benéfica para si e para os outros. O cérebro é fiel ao que vocês dizem ou mandam. Não questiona, apenas executa a ordem. Ele é muito obediente. Se vocês falarem "não conseguimos mudar", ele recebe a ordem e a executa. Procurem falar apenas o que vocês desejam ser. Façam isso com seu cônjuge e com seus filhos também. Experimentem falar para eles o que vocês esperam e desejam e não o contrário: "Que legal, filho, você gastou o que combinamos com o celular. Valeu! Estamos orgulhosos de você". Entretanto, se vocês dizem: "Não é possível! Você estourou de novo o limite do cartão! O que você tem na cabeça?" Essa é uma forma de evocar o comportamento negativo que vocês não querem, reforçando-o ainda mais.

Para o cérebro, algo imaginado ou sugerido vividamente, com muitos detalhes, transforma-se em algo bem real e concreto. Quanto mais nítida é a imaginação, mais ele a toma como realidade. Por isso, é muito bom, dentro da família, construir imagens mentais de fartura e riqueza como uma forma de começar a criar internamente esse terreno. Conversem sobre o que vocês querem realizar e transformem esses desejos em imagens, figuras, fotos. Vocês podem construir um painel com fotos dos lugares que querem conhecer juntos, por exemplo. Isso une e ajuda a família a traçar objetivos comuns.

Vocês podem, ainda, escrever frases que tenham a ver com os sonhos de vocês. As palavras têm mais poder quando o inconsciente está sintonizado com o consciente, isto é, quando o que se diz e pensa tem a ver com o que realmente se sente.

Vocês acreditam que a riqueza é para vocês? Se vocês ainda sentem que ter um orçamento equilibrado e gerir bem as finanças ainda não é possível, experimentem, mesmo assim, evocar pensamentos positivos em relação ao dinheiro.

Esse pode ser mais um passo a ser dado para começar a mudar a bagagem interna limitante para o enriquecimento.

Comecem construindo frases sempre afirmativas, senão o cérebro aciona o que é negativo novamente. Evitem dizer: "Estamos duros, sem dinheiro" ou "Não conseguimos gerir bem as finanças da nossa família". Procurem falar: "Vamos gerar o dinheiro de que precisamos para saldar nossos compromissos" e "Ainda não sabemos a saída, mas vamos encontrá-la". E procurem-na, na prática.

Se vocês têm crenças limitantes sobre dinheiro, precisarão trabalhar esses bloqueios internos para que suas mentes não obstruam o empenho em obter sucesso. Isso, às vezes, é o motivo pelo qual algumas pessoas, mesmo com renda alta, vivem "penduradas" em dívidas, com o cheque especial e os cartões de crédito "estourados". Em algum nível, elas não acreditam que são capazes de fazer diferente. Essas mensagens, que estão ocultas, vão direto para o inconsciente.

Conscientemente, vocês podem estar certos de que estão fazendo todo o possível para atingir seus objetivos. Entretanto, pode existir alguma parte do inconsciente que não crê que possam obter sucesso. Quanto mais evitarem fazer contato com essa realidade, mais obstáculos continuarão a aparecer no seu dia a dia. Esse é o modo de trabalhar da mente.

Muitos autores valorizam em demasia o livre-arbítrio e ensinam o positivismo (o homem é o fazedor do próprio destino), isto é, se o indivíduo pensar positivamente e acreditar, poderá alcançar o que quiser. Na prática, não é bem isso que acontece, porque existem inúmeros outros fatores que impedem a pessoa de ter sucesso.

Candance Pert, respeitada pesquisadora sobre a relação mente e corpo, diz que "o pensamento positivo é interessante, mas pode ser nocivo se a pessoa nega a verdade. Os sentimentos de dor, sofrimento, raiva e medo devem ser expressados". As emoções não liberadas ficam contidas no corpo e depois se transformam em doença (física, psíquica, financeira etc.), impedindo a pessoa de se desenvolver e crescer na vida da forma como gostaria.

Frequentemente, as emoções armazenadas no organismo bloqueiam a vitalidade do indivíduo, deixando-o sem energia para realizar seus sonhos e projetos. Antes de adquirir autonomia financeira, é necessário possuir autonomia emocional, ser capaz de produzir boas emoções para si próprio e ser independente emocionalmente, agindo como uma pessoa adulta na vida.

Reprogramem suas crenças

Querer e acreditar é importante. Contudo, só isso não basta para passar para a ação. Infelizmente, existem questões emocionais e forças inconscientes que atuam em um nível mais profundo e complexo da personalidade humana, como "nós" que precisam ser desatados. Muitos desses nós têm a ver com crenças que a família ensinou, que podem ser extremamente limitadoras. Mesmo sem falar de modo claro sobre as finanças, os pais nos ensinam muitas coisas sobre como lidar com o dinheiro. Esses ensinamentos acontecem de modo direto ou indireto.

A maneira direta está relacionada a tudo aquilo que nos falaram sobre dinheiro e que foi ouvido, de forma positiva ou negativa, tudo o que foi verbalizado. A indireta é implícita, sutil e é manifestada pelos comportamentos dos pais diante do dinheiro e, em especial, pelos sentimentos deles em relação a esse tema. Tudo o que foi visto, observado e sentido pelos filhos refere-se à comunicação não verbal que foi ensinada. Os modelos passados aos filhos pelos pais encaixam-se aqui.

Em Psicologia, em uma abordagem chamada Análise Transacional, usa-se o termo inglês *script* para descrever uma espécie de roteiro, de programação inconsciente, que recebemos por meio de modelos, ensinamentos e vivências. Os pais e os avós criam para os filhos e os netos uma programação para a riqueza ou para a pobreza. Pode parecer insano um pai desejar que um filho fracasse ou que fique pobre, mas isso infelizmente acontece. São ordens dadas no nível não verbal para a criança, captadas pelo inconsciente, e por isso são difíceis de serem lembradas ou identificadas pelo adulto. A pessoa pode não ter a lembrança cognitiva da proibição para enriquecer, mas o sentimento e a falta de permissão para ter sucesso podem ser sentidos. O sistema de crenças internalizado vai fazer parte desse *script*.

Esse cerceamento para construir riqueza pode ter a ver com o medo da riqueza que os pais, não necessariamente tão pobres, passaram aos filhos, à fantasia de que quem enriquece empobrece os outros ou deixa de ser uma pessoa digna. São muitas as confusões em relação ao dinheiro que as crianças tomam como verdade e que passam a nortear seus comportamentos financeiros quando se tornam adultos.

Além dos ensinamentos familiares, em muitas comunidades, existe um culto à pobreza honrada, em que a pessoa sente orgulho em ser pobre. E a riqueza é vista, muitas vezes, com uma distorção de valores, em que o rico é apontado como "aquele que explorou o pobre".

Procurem identificar as crenças limitantes que vocês receberam de suas famílias. Conversem com seu cônjuge e verifiquem o que têm em comum. Vocês podem se ajudar, colaborando um com o outro nessa identificação. Depois discutam sobre o que querem ensinar a seus filhos.

Reconhecer o que recebemos de nossos pais é um passo importante para descobrir o que pode estar emocionalmente dificultando nossa mudança nos comportamentos financeiros. Seguem alguns exemplos para ajudar vocês nessa descoberta.

Crenças limitantes (negativas)	Crenças permissoras (positivas)
O rico é rico porque roubou do pobre.	Qualquer um pode enriquecer, basta se empenhar.
Não ponha o chapéu onde a mão não alcança.	Nasci para o melhor. Nasci para ser rico.
Filhos só dão despesas!	Filhos são bênçãos!
Dinheiro é sujo e gera corrupção.	Dinheiro é limpo e ajuda a melhorar a vida.
Se eu enriquecer, alguém vai empobrecer.	Existe riqueza para todos.
Quanto mais dinheiro, mais problemas.	Prosperar é uma forma de melhorar o mundo.
Muito dinheiro atrai desgraças.	O dinheiro possibilita aprendizado e crescimento.
Dinheiro é difícil de ganhar.	Minha profissão pode ser divertida e rentável.
Dinheiro na mão é vendaval.	Posso ter muito dinheiro e administrá-lo bem, multiplicando-o.

Uma maneira potente de gravar novas crenças na mente é repetir as afirmações (ou frases positivas) em relação ao que vocês querem, sempre no tempo presente, como se já tivessem alcançado o desejo esperado. A mente inconsciente é atemporal, não conhece o passado ou o futuro. Tudo acontece no agora, no presente.

Assim, quando vocês dizem "gostaríamos de ter uma casa bonita" ou mesmo "queremos uma casa bonita e confortável" significa que vocês ainda não a têm. É mais poderoso e impactante falar "temos uma casa confortável". Dessa maneira vocês dão a ordem para a mente inconsciente de que já realizaram o propósito desejado. E o inconsciente é mais forte que o consciente. Sempre!

Para reprogramar a mente de forma mais eficaz, procurem relaxar, entrando em um estado mais tranquilo. Assim, vocês estarão mais receptivos para as novas mensagens que querem implantar no cérebro. Em função da capacidade cerebral de registrar mais rapidamente as imagens que as palavras, torna-se muito importante ter cuidado com as cenas que vemos nos filmes, nas propagandas etc.

Se queremos estimular riqueza, abundância, fartura, precisamos nos ligar em imagens que inspirem isso. As cenas vistas, com atenção ou não, vão direto para o inconsciente. Essas mensagens visuais, muitas vezes, são usadas nas propagandas subliminares e podem até mesmo ser contraproducentes, em alguns casos.

É antagônico, por exemplo, falar de grandes somas de dinheiro e de altos investimentos e ligar esse tipo de mensagem a um desenho de um cofre em forma de porquinho. Além de ser um símbolo infantil (perfeito para estimular as crianças a poupar e não os adultos), um cofre desse tipo é depósito para moedas, que sugere algo limitado, pequeno e para iniciantes. Nas visualizações que fizerem, sugerimos que coloquem fotos de pilhas de papel-moeda, ouro, baús de tesouro, carteiras de investimento, entre outros. Essas, sim, são imagens que lhes dão uma sensação de maturidade e independência financeira!

Vocês podem incrementar ainda mais a reprogramação mental de vocês para a abundância, ouvindo mensagens positivas sobre isso perto da hora de dormir, quando já estão mais relaxados. Mesmo dormindo, as pessoas estão gravando o que escutam. Daí a importância de falar coisas positivas aos filhos até quando eles estão adormecidos.

Nosso padrão de crenças está intimamente interligado às nossas emoções. Ele responde ao que sentimos e não necessariamente ao que desejamos ou pedimos. Imaginem que vocês têm a meta de conseguir juntar um milhão de reais nos próximos vinte anos. Vocês sentem medo de não conseguir? Ou isso é estimulante? Qual a emoção que fica mais forte? Se querem, mas sentem medo de não conseguir, no nível inconsciente, vocês avisam seu cérebro de que existe a possibilidade de não ter sucesso, por isso estão com medo.

O cérebro, ao receber a informação "estou com medo", pode produzir toda uma reação bioquímica correspondente que interferirá, por conseguinte, no seu comportamento. Dessa forma, seu corpo produzirá substâncias (hormônios) de "fuga e ataque", aumentando cada vez mais seu nível de tensão. Se você fica ansioso, tende a "exalar" sua irritabilidade. Ainda que não a expresse claramente, você passa essa informação no nível não verbal, pelo seu semblante, pela sua respiração, pelo seu olhar, pela sua forma de interagir com as pessoas. Sob tensão você pode fazer péssimas escolhas financeiras. E o sonho de ter um milhão de reais pode ir "por água abaixo".

Aprendam a esperar

Outro ponto que atrapalha a realização das metas é não saber esperar, o que leva as pessoas a comprar a prazo. Adquirir qualquer produto pagando juros é uma maneira de você dizer a si mesmo que não sabe esperar. Significa que está tão ansioso, que precisa ser atendido logo, não importam o preço nem as condições.

Dessa maneira, acaba se formando um ciclo que se retroalimenta: quanto mais tenso você está, mais impulsivamente você age (compra sem pensar, sem fazer contas). Quanto mais impulsivavemente você age, mais tenso você fica, porque faz, em geral, más escolhas, das quais se arrepende. Quanto mais profunda for sua emoção e menos perceptível, mais inconsciente e forte ela será e, provavelmente, mais complexa de ser identificada e dissipada. Quanto mais você atua com ansiedade, mais situações de tensão você pode criar (muitas vezes sem perceber).

Outra circunstância que também prejudica o alcance dos objetivos financeiros é o desejo de fazer uma poupança para acidentes ou uma reserva para emergências. Contrariando o que muitos consultores financeiros da atualidade ensinam, esse procedimento pode ser uma armadilha. No nível racional e consciente, a pessoa deseja juntar dinheiro para o tal imprevisto, porém, no nível inconsciente, ela não deseja se acidentar. Somam-se a esse aspecto outras questões limitantes e o inconsciente entra em ação, impedindo-a de poupar.

Por outro lado, às vezes, no nível emocional e oculto, a pessoa deseja machucar-se, para receber cuidados, por exemplo; em outras palavras, seu inconsciente quer ser atendido aqui e agora, fazendo com que a pessoa se distraia e provoque a emergência. Ela junta o dinheiro e gasta-o como foi planejado. O inconsciente sempre vence, porque ele é a parte mais forte. Ele vai buscar sempre a satisfação dos desejos mais profundos. Nos dois casos, as pessoas ficam sem dinheiro: uma que não conseguiu juntar, e a outra que juntou exatamente para gastá-lo com o problema.

Juntem dinheiro para realizar os sonhos, que é mais gostoso e estimulante. E, tenham flexibilidade para usá-lo em outra situação, caso seja necessário. Como o cérebro capta as imagens mais rapidamente que as palavras, vocês podem, sem esforço, ir gravando mensagens e imagens novas que influenciarão a nova etapa de vida que querem vivenciar. Por isso, em vez de quererem ser prósperos, vejam-se prósperos, com a maior riqueza de detalhes possível. Escrevam suas afirmações, colem imagens de riqueza e coloquem-nas em vários lugares. Programem-se assim, por exemplo: "Cada vez que olho essas afirmações, eu ativo a minha programação mental para a abundância". Acreditem que o Universo acolhe o desejo visualizado e responde com aquilo que for para o bem de vocês.

Agindo assim, vocês estarão fazendo a parte que lhes cabe, dando espaço para o Universo fazer a dele. O espaço de tempo de que vão precisar para começar a condicionar a mente a obter resultados positivos depende também da fé e do entusiasmo que vocês puserem em suas palavras e ações. Dessa forma, vocês estarão praticando uma bela meditação para a riqueza: com palavras, imagens e sentimentos de força e poder. Comecem acreditando que vocês merecem todo o bem!

Atualizem suas crenças financeiras familiares

Há uma fábula antiga, chamada *A cigarra e a formiga*, de La Fontaine, que está no inconsciente de todos nós. Ela ensina que o trabalho digno é aquele que é árduo e só esse merece reconhecimento social, acompanhado dos honorários. Ela descreve a associação que a nossa cultura faz entre trabalho extenuante e dignidade, bem como diversão e desfrute a coisa de gente preguiçosa. Isso, na verdade, é preconceito!

Podemos trabalhar com prazer e permitir-nos descansar e desfrutar do que foi realizado. Trabalho pode ser algo divertido, leve e fácil de ser executado e gerar muito dinheiro. Pode ainda ser desenvolvido de forma lícita e alegre, contagiando outras pessoas. Por que não?

Precisamos ressignificar essa fábula antiga, criando uma nova versão, na qual a cigarra se dê bem no final, explorando seu talento de cantora e enriquecendo com isso. Se pensarmos bem, quantas vezes vimos alguém enriquecer com o próprio talento e achamos que não era merecido?

É importante mudar nossa forma de pensar em relação aos tipos de trabalho que existem. Tudo pode "trazer dinheiro", se feito de maneira qualificada. Para acreditar nisso, geralmente é necessário vivenciar situações novas, que é o melhor jeito de mudar nosso quadro de crenças. Para pensar diferente é preciso ter novas experiências. Experimentar atitudes diferentes diante de situações conhecidas. Ousar fazer coisas que nunca fizemos. Usar outros caminhos.

Sabem aquelas pessoas que mudam de país e depois voltam com outra mentalidade, outra forma de ver a vida? É isso. Puderam realizar muitas coisas diferentes, desde comer, dormir, falar, relacionar-se etc.

Para mudar sua relação com o dinheiro, vocês precisam mudar a relação que têm com a vida, com as pessoas. É necessário ficar presente, vivenciando a fundo as situações, saindo do automatismo de repetir os comportamentos sem perceber. Estar presente é estar vivo, inteiro, conectado! Tudo está ligado a tudo. Essa é a grande integração da vida!

Não adianta agir diferentemente só uma vez. Quantas vezes vocês ouviram e vivenciaram essas crenças? O inconsciente aprende hábitos, repetindo-os todo dia. Mudança de hábito tem a ver com repetição. A mudança de condicionamentos internos também.

O verdadeiro sentido de uma crença é o conceito sobre algo que só pode ser formado pela vivência pessoal e não a alheia. Formamos nossos conceitos, nossas crenças, a partir das experiências realizadas. Se vocês não experienciaram aquilo, essa crença não lhes pertence. É de alguém que lhes transmitiu. E pode ser chamada de "pré-conceito", um conceito prévio, que vocês adquiriram antes de vivenciar a situação. Uma verdade que herdaram, antes mesmo de senti-la ou de pensar a respeito.

Assim, algumas crenças que vocês receberam prontas, por exemplo, dos seus pais, estão baseadas nas vivências deles. Portanto, elas não são suas! Talvez assim seja mais fácil jogá-las fora e desligarem-se, desapegando-se delas.

Para fazer mudanças profundas na vida, é mais importante vivenciar do que entender. É preciso sentir. O entendimento traz consciência e é o primeiro passo. A sensação vivenciada dá a força de que a pessoa precisa para dar o salto ou romper o bloqueio que a impede de fazer diferente. E vocês precisam experienciar muitas vezes, acumular sensações positivas de sucesso e bem-estar. Não é algo mágico, que basta uma vez e pronto. É um caminho a ser construído todos os dias, um pouquinho de cada vez. Quando vocês perceberem, já terão feito uma estrada. Uma estrada que dá acesso a uma vida bem melhor.

Exercício em família

- Como viviam os pais de vocês, financeiramente falando: eram organizados ou desorganizados? Trabalhavam com prazer ou com dureza? A vida era fácil, alegre ou difícil, com muito sofrimento? Eram acomodados ou proativos?
- O orçamento era apertado? Sobrava dinheiro? Aplicavam? Se sim, em quê? Faziam dívidas? Organizavam o orçamento com esforço ou satisfação? Ou não planejavam nada?
- Que bagagem cada um de vocês trouxe da sua família de origem em relação ao dinheiro: ele é uma bênção ou uma desgraça? Fruto de trabalho honesto ou de falcatruas? Tem a ver com sorte ou azar? É fruto de cuidado ou de controle?
- O que vocês aprenderam sobre as pessoas ricas? Já se imaginaram sendo uma delas?

Capítulo 4
Nossa herança emocional familiar

Além da herança biológica que recebemos de nossos pais, recebemos também uma herança emocional, transmitida de geração para geração. Tudo está registrado em nosso sistema: aprendizados, fracassos, vitórias, dores, alegrias, conflitos, desafios superados e vividos por nossos antepassados. É impossível jogar essa bagagem fora, mas ela pode ser processada e digerida, como é feito com os alimentos. Gostando ou não, cada um de nós pertence ao seu grupo familiar para sempre.

Os momentos vivenciados em uma guerra, em uma falência ou em situações de muita privação e de ansiedade constante com o dinheiro são passados adiante. Os fracassos financeiros, a má gestão do dinheiro, a construção de uma fortuna, tudo, absolutamente tudo o que a família viveu está registrado dentro do inconsciente do indivíduo e o influencia em suas decisões econômicas hoje.

Essa bagagem familiar refere-se a todos os aspectos da vida: constitui valores e posturas perante o dinheiro, o sexo, o amor, a higiene, as pessoas, entre outros. Esses pontos são ensinados como forma de preservar a vida em comunidade.

O conceito de herança emocional é científico. Vários estudiosos do comportamento humano já falavam sobre isso no século passado. Bert Hellinger, criador de uma terapia sistêmica familiar, desenvolveu uma abordagem de tratamento de emaranhados emocionais chamada de *constelações familiares*. Ele nos fala, de forma simples e contundente, que existe uma herança emocional que é transmitida de geração a geração por muitos e muitos anos, inclusive no que se refere ao trato com o dinheiro. Pais que não sabem lidar com dinheiro ensinam seus filhos a terem dificuldades financeiras; pais prósperos dão um modelo de enriquecimento.

Há pessoas que sentem um medo inconsciente de alcançar na vida mais do que os pais alcançaram, o mero desejo de ser próspero vem carregado de culpa. Outras vezes, os filhos sentem-se pressionados pelos pais a mostrar-se vitoriosos, e, exatamente por causa da pesada cobrança ou da expectativa parental, não conseguem ser bem-sucedidos. Outros se revoltam contra o modelo de vida dos pais, mas estão de tal forma conectados a ele que não conseguem fazer nada fora desse sistema de valores.

Imaginem uma herança emocional de um traço negativo que não foi resolvido por algum antepassado da família e que vem para vocês resolverem. É como se vocês recebessem uma doença com a missão de curá-la. Se vocês não o fizerem, irão transmiti-la para a próxima geração. Isso se assemelha a uma batata quente que queima a mão e é jogada adiante; assim, ela passa a queimar a mão de outra pessoa.

Aceitar nossos antepassados com suas histórias, suas vitórias e suas dores, incluindo-os no clã é um jeito de adquirir mais equilíbrio e encontrar o próprio papel, dentro desse grupo. Abandonar o clã é muito conflituoso, porque foi dele que a pessoa nasceu e a ele sempre pertencerá. Na verdade, abandoná-lo é impossível. Vocês podem fazê-lo externamente, ao se afastarem dos contatos sociais, mas não querer pertencer à família é uma ilusão.

Permissões e proibições da família para ganhar dinheiro

Enriquecer em uma família pobre, muitas vezes, significa uma deslealdade, no nível inconsciente, porque as pessoas se mantêm ligadas pela pobreza. Para sair da pobreza, portanto, é importante descobrir outros laços de união naquela família, para continuar pertencendo a ela, mas sem se limitar.

Ter sucesso financeiro em uma família sem recursos materiais também pode ser um desafio. A pessoa é movida pelo ressentimento e pela rebeldia de desejar uma vida diferente da dos pais, assim:

- "Nunca vou ser pobre como eles!"
- "Vou provar a eles..."
- "Odeio essa condição!"
- "Vou esfregar meu dinheiro na cara deles. Vamos ver se agora eles vão ter orgulho de mim!"

A riqueza, assim, é parcial, porque sugere rancor, o que não traz paz de espírito e verdadeiras relações amorosas para a pessoa que está presa nesse conflito. Prosperar na vida é mais do ter uma grande soma de dinheiro. Significa ter relacionamentos saudáveis e amorosos, bem como uma atividade profissional gratificante. Significa ainda ter um sentimento de paz interior e se sentir colaborador de um mundo melhor.

Para chegar a esse patamar de equilíbrio na vida, é necessário reconhecer que os pais foram muito bons, educaram vocês bem e os prepararam para o mundo, dentro do que lhes foi possível. Contudo, se há muito ressentimento em relação aos genitores, vocês podem, inconscientemente, bloquearem-se para a riqueza. Nesse caso, fracassar na vida é um jeito inconsciente de punir seus pais, vingando-se deles: "Viram como vocês não foram bons pais? Não me ensinaram a me sustentar nem a ter sucesso". Construir uma fortuna, aqui, pode significar "dar a mão à palmatória", admitindo que os pais foram bons educadores.

Diante dos modelos recebidos, a criança tende a copiá-los ou a se rebelar contra eles. Quando copia, submete-se e obedece às ordens. Quando se rebela, aparentemente despreza e faz o contrário do que é proposto. No fundo, porém, os dois comportamentos estão presos ao mesmo padrão, e no segundo se tem uma ilusão de liberdade. Quem é "do contra" está ligado ao mesmo referencial, atento ao que é esperado, para fazer diferente. Querendo fazer o contrário, muitas vezes fica sem um direcionamento interno do que realmente é bom para si.

Quando os pais são muito exigentes com os filhos e dizem algo como:

- "Você não é bom o bastante."
- "Você devia ser melhor, esforçar-se mais."
- "Por que você não faz como o seu irmão?"

A criança, em geral, escolhe um dos dois caminhos:

- Obedecer: "Eu devia ter me esforçado mais, ter feito melhor, ter sido o melhor. Você tem razão, papai"; ou
- Rebelar-se: "Não me diga o que fazer!" / "Vá se danar!" / "Vou fazer o que eu quiser, do meu jeito!" / "Você não manda em mim!".

Sucesso e dinheiro não gostam de indivíduos rebeldes. Gostam de pessoas maduras e adultas, que tenham competência, excelência, profissionalismo, responsabilidade, ou seja, as qualidades de alguém adulto. A rebeldia enfraquece a pessoa, porque nela há uma luta contra seu conflito e isso drena boa parte de sua energia de vida, que poderia ser usada para construir seus sonhos.

Encontrem uma maneira que seja boa para vocês obterem uma permissão interna para enriquecer e ter uma vida mais leve e fácil, sem culpas pela nova condição. Segue uma sugestão interessante para cultivar novos pensamentos que dão permissão de enriquecimento: "Minha querida família, eu os amo profundamente, mas sigo meu caminho enriquecendo e, ainda assim, pertencendo a vocês. Mereço ser rico porque vocês me deram a vida e sou-lhes muito grato por isso".

O acordo financeiro familiar

Vocês sempre pertencerão e estarão ligados emocionalmente às famílias das quais vieram. São a origem das vidas de vocês. E a força de cada um está nas histórias vividas, no seu passado. Vocês vieram à vida por meio dos seus pais e renegá-los pode significar uma traição.

Isso pode gerar uma limitação para nós em alguma área da vida, não necessariamente na esfera financeira. Precisamos aceitar nossa linhagem, olhar para ela com afeto e gratidão. Reconhecer que, sem ela, não sobreviveríamos, nem a vida teria chegado até nós. Toda e qualquer dificuldade monetária nasce na família e tem a ver com essa bagagem emocional, pois nosso nível de bem-estar e abundância tem a ver com a zona de conforto dos nossos pais.

Fazemos um "acordo financeiro" de lealdade amorosa com nossa família e nosso sistema. E também nos sentimos confortáveis nessa mesma área. Por exemplo, se nossos pais são de classe média, continuar na classe média é algo conhecido e confortável. Ir além, ou seja, tornar-se rico, pode então dar medo e gerar insegurança. Na verdade, sempre queremos ter uma relação harmônica com nossos pais, porque, internamente, desejamos estar em paz.

Uma maneira de termos riqueza e saúde é honrar nossos pais e antepassados, sabendo que eles fizeram o melhor que puderam. E aceitar o nosso passado, seja ele qual for. Honrar esse passado é um jeito de parar de brigar com o que não pode ser mudado e deixar de gastar energia com isso. A energia, assim, pode ser canalizada para outras coisas e para o sucesso da empreitada que queremos realizar. Ao sentir gratidão, somos capazes de nos libertar e viver uma vida boa. Sem essa integração, é impossível alcançar a prosperidade. Enriquecer e prosperar significam, no fundo, que nossos pais foram ótimos pais, porque a partir deles pudemos crescer.

Exercício em família

Conversem sobre como era o modelo dos seus pais em relação às finanças.

- Se existiam dívidas, o padrão de vida abaixava ou continuava-se gastando como se elas não existissem?
- A família de origem pagava as contas de água e luz com raiva ou bendizia os serviços prestados? Por exemplo, diziam algo como: "Bendita conta de água! Graças a ela podemos nos lavar e manter uma boa higiene"?
- A família tinha sentimentos de gratidão pelo que era recebido: alimentos, informações, entre outros?
- Vocês se sentem gratos a seus pais? Por quê?
- Em que são parecidos, financeiramente, com eles (no que se refere a gerar, poupar e gastar o dinheiro)? Em que são diferentes?
- Que valores aprenderam com eles?

Capítulo 5

As relações naturais na família

Para que os vínculos de uma família sejam saudáveis e colaborem para o crescimento de todos, não basta só o amor. Existem algumas regras que precisam ser respeitadas para que o amor cresça e colabore para o enriquecimento de todos.

Na família, como em todo sistema, existe uma hierarquia natural que precisa ser respeitada. Nessa ordem, quem chega antes tem prioridade, como em uma fila de banco ou supermercado. Os pais chegaram antes dos filhos, daí sua autoridade sobre estes.

Hoje em dia, tem ficado cada vez mais comum vermos pais e filhos com seus papéis invertidos. Os pais dão. Os filhos devem e precisam receber, mas nem sempre isso acontece. Os papéis na família são naturalmente divididos assim:

PAIS	FILHOS
Doam	Recebem
Cuidam	São cuidados
Estabelecem as regras	Obedecem às regras
Sustentam a família	Colaboram com a família
Decidem o que será feito com o dinheiro	Opinam e participam do orçamento

Quando os papéis estão invertidos na família, geralmente isso gera um nível de ressentimento, muitas vezes velado. É papel dos pais educar e sustentar os filhos, até que estes estejam em condições de se manter e se nortear na vida.

Infelizmente, vemos, cada dia mais, crescer o número de famílias em que os pais continuam sustentando os filhos, mesmo depois que estes estão adultos, construindo uma teia de dependência emocional e também financeira. Por que os pais fazem isso e não deixam o filho adulto seguir seu caminho e se virar?

É tarefa dos pais dar estrutura e apoio aos filhos e prepará-los para a vida, em todos os sentidos. Isso se refere a uma educação global e completa. A paternidade e a maternidade são uma doação. Lamentavelmente, nem sempre, o marido e a esposa estão conscientes dessa responsabilidade quando se tornam pais.

Pais emocionalmente infantis esperam ser cuidados pelos filhos. Um filho que precisa cuidar de um genitor tem de crescer rápido, sem ter suas necessidades emocionais atendidas para poder oferecer apoio emocional a um dos pais. Isso é extremamente pesado para um filho, pois é algo para o qual ele ainda não está pronto e, na realidade, não dá conta.

Assim, ele tem de "carregar isso como um peso nas costas", tornando-se "super-responsável" precocemente. No futuro, isso faz com que ele tenha dificuldades de relaxar e ter prazer, de se sentir merecedor de uma vida boa e leve. Provavelmente, ele terá a tendência de trazer para si as responsabilidades dos outros, sobrecarregando-se, tendo dificuldades de colocar limites no outro e de dizer "não", pois também não consegue perceber os próprios limites.

São pessoas que terão facilidade para chegar à exaustão e também adoecer por quererem tanto agradar o outro. Podem até se endividar para não frustrar o outro ou o grupo ao qual pertencem. Na vida adulta, vão se relacionar com pessoas que gostam de "montar nas costas" deles, inclusive financeiramente. As crianças treinam com os pais "com quem e de que forma" vão se relacionar depois. Os pais, por sua vez, que querem receber dos filhos em vez de dar a eles, fazem-no porque estão profundamente carentes, por não terem recebido esse cuidado e esse apoio emocional de seus pais. É importante tomar consciência disso e ir buscar esse sustento emocional em outras pessoas, para não jogar essa carga em cima das crianças.

Trocas emocionais desequilibradas podem gerar cobrança de presentes, viagens e dinheiro. Os filhos, quando estão ressentidos, não são colaborativos e ficam exigentes com os pais e, às vezes, tornam-se até extorquidores. Os pais, por outro lado, quando se sentem culpados, tendem a não colocar os limites necessários aos filhos. E, às vezes, colocam esses limites de forma dura e autoritária e não de maneira mais afetuosa e respeitadora. Novamente, cria-se mais ressentimento. Aonde isso vai ser jogado? Muitas vezes nas finanças, que acabam funcionando como uma lata de lixo onde todos jogam o que não é dito, nem resolvido e lhes está incomodando.

As relações não harmoniosas entre pais e filhos vão desaguar no desperdício e nos gastos desnecessários, como compensação ou vingança pelo que é importante e não está sendo doado.

Quantos filhos, já adultos, precisam sustentar os pais? Isso é uma inversão de papéis e é ruim para todos. Todos saem perdendo. Os pais perdem sua autoridade e sua dignidade e os filhos criam uma ilusão de força e superioridade, pois, no íntimo, se sentem melhores que os pais. Esses sentimentos vão se refletir nas outras relações que serão construídas com outras pessoas e também com as finanças.

Tempos atrás, houve na TV uma reportagem que mostrava uma família na qual o filho mais velho assumiu o controle do orçamento doméstico e era ele quem determinava o que seria feito com o dinheiro. Os pais, que eram completamente caóticos financeiramente, tinham de pedir dinheiro ao filho. E o pior: isso foi elogiado em cadeia nacional, dando a entender que, quando os pais não são educados e preparados financeiramente para vida, os filhos têm de assumir essa tarefa por eles. Lamentavelmente, ninguém falou do preço emocional que estava por baixo disso. Da humilhação que estava estampada no semblante dos pais e da autossuficiência no rosto do filho.

A sociedade precisa repensar essas posturas urgentemente, senão muita gente vai pagar caro por isso.

Reorganizando as relações familiares

Os limites e as regras precisam estar claros no ambiente familiar: o que é dever e direito de cada um. Sem isso, dificilmente haverá coesão. Cabe aos pais conseguir o dinheiro para o sustento da família e cuidar da prole, dando-lhe afeto e segurança. Cabe aos filhos colaborar com os pais, aceitar seu afeto e sua proteção.

É natural que os filhos se rebelem contra os pais na adolescência, porque isso faz parte de um movimento interno de construção da própria identidade. No entanto, rebeldia que acontece fora desse período é sinal de que há alguma outra coisa que os pais precisam investigar e cuidar.

Os pais são responsáveis por planejar e organizar o orçamento, definindo como o dinheiro será gasto. Os filhos precisam e devem colaborar e também opinar, mas a palavra final precisa ser dos pais. Um filho não pode definir o que será feito com o dinheiro, tirando esse lugar de poder e de autoridade dos pais. Quando isso acontece, normalmente existe o aval de um dos genitores ou de ambos. Para isso, muitas vezes, os pais precisam frustrar os filhos, dizendo-lhes "não, isso cabe a mim". Mesmo que o filho ache ruim e reclame, no fundo, isso dá segurança a ele e certo alívio, pois estar nesse papel é algo muito pesado para um filho. Como diz o educador Hunter Beaumont: "Uma boa educação consta de dois traços principais: um grau máximo de amor e um nível ótimo de frustração".

Se os filhos se sentem bem nutridos afetivamente pela família, em geral são bons colaboradores nas propostas familiares. Filhos magoados não colaboram e se rebelam. Se sentem que receberam muito, é natural que queiram dar alguma colaboração. Cuidado para as situações em que se escuta que o filho recebeu "tudo" e não se tornou uma pessoa cooperativa. Essa pode ser uma percepção parcial de uma situação mais complexa. Será que recebeu muito mesmo? Afeto, limites, orientação, permissão para errar, aceitação, respeito etc.? Provavelmente, existiram conflitos não solucionados aí.

Filhos adultos também podem ter uma relação de doação com os pais. Alguns filhos precisam cuidar de seus genitores na velhice, quando eles têm necessidades especiais ou em algumas situações pontuais, de uma doença ou acidente. Filhos adultos que continuam querendo só receber dos pais e não querem colaborar em nada revelam um grau de infantilidade e de dificuldade de reconhecer tudo o que os pais lhes deram e fizeram por eles.

Para mudar o padrão financeiro da família, é necessária a colaboração de todos e para isso acontecer é preciso que haja harmonia no lar. Se há rancor ou ressentimento, o plano de melhorar a vida econômica do clã pode não funcionar.

Há ainda a divisão de papéis entre os cônjuges que precisa estar balanceada. Quem cuida de quê? Antigamente, ir à caça e trazer dinheiro para casa era um papel eminentemente masculino. Com a mudança dos tempos, a mulher também passou a exercer esse papel. Todavia, para isso acontecer de forma equilibrada, o homem precisa assumir outros papéis que outrora eram da mulher, senão esta ficará sobrecarregada e, provavelmente, ressentida. O que uma mulher ressentida pode fazer se não coloca sua amargura para fora? Muitas coisas, entre elas, gastar muito. E o que pode acontecer com um homem que se sente ressentido, inferiorizado ou sobrecarregado? A mesma coisa. Por isso, é muito importante que o casal converse sobre quem vai cuidar do quê e como ambos podem se apoiar e se ajudar para um não sobrecarregar o outro. Mágoas não expressas são levadas para as finanças e para a cama.

Cada um traz, de sua família de origem, sua referência sobre como fazer essas trocas. Como seus pais se relacionavam entre eles, com os filhos e com o dinheiro está profundamente impresso em vocês. Por isso, é importante perceber como foram as relações de troca estabelecidas com a sua família de origem, pois a partir daí, cada um de vocês poderá entender melhor a si próprio e ao seu parceiro na hora de se relacionarem entre si e com o dinheiro.

A inversão de papéis dos avós

Outra inversão de papéis comum hoje em dia é a de os avós terem de sustentar os netos. A sociedade está tão confusa com relação à função de cada um dentro da família, que muitos avós se sentem na obrigação de ajudar os filhos financeiramente para sempre.

É claro que pode ser bacana e muito bom para um filho receber uma ajuda ocasional de um genitor. Entretanto, para um filho adulto viver esse papel, além de infantilizador, é algo que tira sua dignidade e sua capacidade de gerenciar a própria vida. É uma forma velada de controle e de poder dos pais sobre ele.

Muitos pais confundem e misturam controle com cuidado, expressando-o em forma de controle, o que gera nos filhos uma reação ambivalente de aproximação e afastamento. Avós culpados, que não se sentiram bons pais, muitas vezes querem reparar danos causados em seus filhos nos netos. Isso é muito delicado, mas precisa ser revisto, pois empobrece os avós e incapacita os filhos.

Na hora em que os avós poderiam estar mais tranquilos, colhendo os frutos do que plantaram ao longo da vida e tendo uma fase mais leve e com menos compromissos (ou pelo menos com compromissos que lhes dissessem respeito), eles têm de começar tudo de novo, como se fossem responsáveis pela educação e pelo sustento dos netos. Colaborar, ajudar e compartilhar é diferente de ter a obrigação de fazer. Não coloquem essa responsabilidade na mão de seus pais. Além de não ser justo, não é bom para ninguém: nem para eles, que ficam sobrecarregados (sem direito ao merecido descanso!) e nem para vocês, que ficam sem dar conta da própria vida, nem também para os filhos, que recebem um modelo de infantilização e de empobrecimento de vocês.

Para alguns avós, continuar sustentando os filhos e os netos pode ser um modo inconsciente de se sentir na ativa e evitar a velhice. É um jeito de ainda se sentirem jovens e produtivos, mas isso é uma armadilha. O tempo passa para todos e aceitar essa condição é se respeitar e poder usufruir das vantagens da idade avançada.

A ajuda constante traz também um risco financeiro grande. Muitas dessas ajudas são dadas com pensão e aposentadorias, que se encerram quando os pais morrem e nessa hora, além da dor emocional, filhos e netos podem experimentar grandes apuros financeiros.

Se os avós podem e querem ajudar, tudo bem, mas é preciso ter limites para isso. O que vai ferir a dignidade do filho? Educar um filho é prepará-lo para ter autonomia em todos os sentidos. A boa mãe, o bom pai são aqueles que um dia se tornam desnecessários. E o que sobra, então? O vínculo precisa ser transformado. Os filhos precisam crescer e se libertar do controle paterno e materno. A relação de pais com filhos adultos é diferente da de filhos adolescentes ou crianças e a atitude madura, de filhos adultos, implica poder dizer: "Mamãe e papai, eu não preciso mais de vocês. Posso me sustentar por mim mesmo, mas ainda os amo e quero tê-los por perto".

Deixando os filhos voar

Prender um filho pela via financeira é perigoso e, provavelmente, pode fazer os pais pagarem um alto preço junto com eles. Para conseguir cortar o cordão umbilical e deixar os filhos partir, os pais precisam ter muita confiança em si mesmos e na educação que deram a eles. É gratificante deixar os filhos voar e construir o próprio caminho.

Será que, como pais, sentem medo de seus filhos não precisarem mais de vocês e irem embora, abandonando-os? Será que há medo de não serem mais importantes e necessários? Será que é possível cuidar só da vida de vocês e lidar com o vazio que os filhos deixam quando crescem e partem?

Sem autonomia emocional não é possível ter autonomia financeira. Para quem já é adulto e está acostumado com muita mordomia e a ser sustentado pelos pais, é preciso fazer um processo gradativo de cortes, como em um desmame. Se vocês cortam de uma vez, é ruim para os dois lados. Quem para de receber fica ressentido. Quem para de dar fica com medo de perder o amor do outro, porque o amor é vivenciado pelo caminho da dependência.

Sentir-se dependente é uma maneira de se sentir amado. Ter o outro dependendo de si é uma forma de se sentir necessário, importante, valorizado; é um jeito inconsciente de amar por estar cuidando do outro, ainda que isso o prejudique e o impeça de crescer como pessoa e, às vezes, profissionalmente. Assim, colocar limites pode fazer os pais acessarem um medo inconsciente do abandono e da perda do vínculo. Essa experiência é levada para outras relações e também para a área econômica, influenciando essas pessoas a dependerem de empréstimos de bancos, amigos e outras instituições financeiras.

Parem e pensem se vocês estão construindo verdadeira autonomia para seus filhos. Um bom jeito de ver isso é perceber se eles participam da rotina da família. Ainda que tenham empregados em casa, é muito salutar que os filhos tenham pequenas tarefas domésticas, como arrumar a própria cama, deixar o banheiro e quarto organizados, recolher os lixos, ajudar a tirar a mesa etc. Muitos pais se queixam da acomodação de seus filhos sem parar para pensar e perceber que, de alguma forma, eles construíram esse padrão nos filhos – de só querer receber, sem colaborar.

Outro aspecto importante é quando os pais criam os filhos fora da sua realidade econômica – com escolas, viagens, passeios e, não conseguem bancar isso por muito tempo. Aí pode vir a falência. Muitos pais também têm atitudes fora de sua realidade e constroem uma vida falsa, que um dia desmorona. Se para vocês a aparência, o *status*, a opinião alheia é um valor, podem ficar mais propensos a essa armadilha. A vida pode ser mais simples e feliz.

Imaginem uma pessoa que cresceu em uma família de classe média alta, acostumada a não fazer nenhum tipo de serviço doméstico em casa. Além disso, pôde desfrutar de inúmeras viagens internacionais, nas quais gastava quanto queria, sem restrições! Quando se tornou adulta, casou-se e mudou-se para outro país em que não existia mão de obra doméstica. Teve muitas dificuldades de adaptação, pois, além de ter um padrão de vida bem abaixo do que estava acostumada, não sabia fazer nenhuma tarefa no lar. Para completar, não tinha dinheiro para contratar alguém que pudesse fazê-las. Será que ela se sentiu preparada para viver tudo isso?

Os jogos de poder

Na família, às vezes, há jogos de poder com o dinheiro. Se os pais estão culpados, os filhos, em geral, aprendem a extorquir, querendo sempre mais. É uma maneira de ficarem com o poder nas mãos e manipular os genitores. Se os pais se sentem culpados por estarem ausentes ou por serem muito exigentes, muitas vezes substituem o afeto e o aconchego por presentes materiais, em uma tentativa inconsciente de suprir o carinho ou o tempo que não conseguem dar. Se os cuidados dos pais para com os filhos não são feitos de maneira espontânea e natural, mais tarde podem receber destes uma "prestação de contas" sob forma de cobrança em dinheiro.

Filhos acostumados a extorquir os pais, ao crescer, vão para o mundo com esse registro de relação: "Se o outro me ama, vai me dar o seu dinheiro". E vão levar essa materialização dos afetos para as amizades, para o casamento, para uma prestação de serviço (um tratamento de saúde, um trabalho de *free lancer*, por exemplo). Aqui, a fantasia básica é: "Se ele é meu amigo (se me ama ou tem estima por mim), não vai me cobrar por isso" ou "Se ele realmente gostar de mim, vai me dar um desconto". Isso é uma relação infantil, não adulta, que gera muitos desconfortos nos contatos interpessoais.

Frequentemente, presentear um filho ou um cônjuge é uma forma de expressar amor e admiração. Presentes não precisam ser caros para demonstrar a intensidade do sentimento de estima. Eles precisam ter um significado especial para a pessoa e devem estar acompanhados da intenção de oferecer carinho e afeto. Isso basta.

Os conflitos com dinheiro e afeto também podem aparecer mais tarde, na velhice dos pais. Nessa fase, muitos filhos fazem uma relação de troca assim:

- Filho: "Eu cuido de você para você continuar me sustentando, pai."
- Pai: "Eu pago suas contas hoje, mesmo você sendo adulto, para você continuar cuidando de mim na velhice".
- Filho: "Eu me sinto devedor a você, mãe, por tudo o que me deu e se sacrificou. Agora, eu cuido de você não porque quero, mas porque é minha obrigação, porque, se não cuidar, vou sentir muita culpa".

É um acordo sem palavras, no nível não verbal da relação. Muitos pais sentem medo de ser abandonados pelos filhos e criam esse ciclo, como se fosse um comércio. Se os filhos receberam bons cuidados dos pais, cuidar destes na velhice é natural, uma honra que dignifica o filho, pois é a oportunidade de lhes retribuir a atenção que receberam. Infelizmente, não é isso o que acontece na maioria das famílias, pois há muito ressentimento entre pais e filhos.

Isso se dá, muitas vezes, porque se estabeleceu entre pais e filhos uma relação invertida. Os filhos já cuidavam dos pais desde sempre e foram sobrecarregados nessa função. Tiveram pais infantis e extremamente carentes, o que fez com que se sentissem desamparados emocionalmente. Decidiram crescer rápido para poder dar apoio e amparar os pais. Os filhos poderão se sentir lesados pelos pais, por estes não terem assumido todo o seu potencial de educar. Uma experiência incapacitante para os pais e abusiva para os filhos. Isso acontece porque os pais também tiveram pais infantis, que não puderam atender às suas necessidades emocionais mais básicas. É um ciclo que, se não for interrompido, repete-se.

Esses filhos, na velhice dos pais, não aguentam mais cuidar e não se sentem em condições de dar mais nada. Não receberam cuidado incondicional e também não podem dá-lo. Por sua vez, os pais, ao se sentirem desamparados pelos filhos na velhice, vão lhes dar dinheiro em troca de um pouco de afeto e atenção. Repetem, assim, a cadeia inicial, pela qual os filhos também se sentiam desamparados emocionalmente pelos pais e eram supridos com coisas materiais.

Há pais que procuram ser "bonzinhos" com os filhos, evitando que eles sofram, impedindo assim seu crescimento emocional. Esses pais sentem medo de colocar limites aos filhos, possivelmente por medo de perder seu afeto. A dificuldade de estabelecer limites também pode revelar total despreparo dos pais para a tarefa de educar e orientar alguém para a vida. Se o pai não dá conta da própria vida, não cuida bem da sua saúde, da sua aparência, do seu dinheiro, como vai ensinar o filho a fazê-lo? Infelizmente, muitas pessoas se tornam pais sem ainda terem condições para tal.

Ser bonzinho é diferente de ser bom. O bonzinho é aquele que não exige nada, não diz "não", é permissivo ("tudo está permitido" ou "tudo pode") e por isso não ensina ao filho uma noção de adequação ao mundo, nem de respeito ao alheio. Ser bom é outra coisa. É dar afeto e limites, permitir ("pode o que é saudável") e frustrar, quando necessário, mas de maneira respeitosa, levando em consideração a dimensão real do que foi feito, sem exagerar na "bronca".

Pais que "deixam tudo" podem ter recebido uma referência parecida de seus genitores. Por outro lado, "deixar correr solto" pode ser também uma tentativa inconsciente de se rebelar contra o modelo recebido, quando tiveram pais muito autoritários e proibitivos. Se os pais não exigem e não cobram nada, não estimulam o filho a batalhar para melhorar e subir na vida. Isso pode gerar no filho uma falta de confiança em si mesmo. Se os próprios genitores não confiaram no seu potencial de crescimento e superação, como vai se sentir capaz de ter sucesso e construir fortuna?

A cura da família

Quando se vive o amor incondicional na família, a pessoa, geralmente, sente-se suprida emocionalmente para a vida. Esse amor é aquele que é independente e a pessoa não precisa preencher nenhuma expectativa para ser amada. Ela é amada pelo que é e pronto. Não precisa ter sucesso para ser amada, não precisa ser "arrumadinha" para ser amada.

Hoje em dia, os indivíduos estão tão carentes dessa forma mais profunda de amor, que ficam tentando preencher esse espaço com o amor condicional, que é geralmente mais comum, e constroem armadilhas para si, como: "Se eu andar na moda, se eu tiver um carro novo, vou ser mais respeitado, bem-visto, incluído, amado!". Isso é carência de amor incondicional! Como fazer diferente com os filhos, se percebemos que não tivemos esse amor profundo e desinteressado?

Precisamos preencher essa lacuna, senão só faremos a reedição da nossa história com nossos pais, com uma dose de atualização. Como fazer para preencher essa falha? Voltar a ser criança não é possível. O que fazer, então? Investir nos contatos! Buscar pessoas com quem se possa viver uma profunda e verdadeira relação de amor, porque o amor cura!

Então, na família que formamos, podemos sim curar e resgatar vivências que ficaram em aberto com nossos pais. Podemos ter uma relação profunda de amor com nossos filhos, aceitando-os como são, incondicionalmente. No entanto, isso só é possível se primeiro tomarmos consciência de nossas feridas emocionais e pudermos lidar com essa dor.

Pais que cobram dos filhos por todos os cuidados que deram e querem uma retribuição no futuro, estimulam estes a se sentirem devedores. Por exemplo:

- "Você me deve."
- "Olha o que eu fiz por você."
- "Deixei de trabalhar depois que você nasceu só para cuidar de você e agora você quer ir embora? Seu ingrato!"

Como um filho pode pagar a um pai por tudo o que ele lhe fez? Como pagar por todas as noites em claro em que a mãe monitorou-o por ele estar doente? Por todos os banhos dados e as fraldas trocadas? Como pagar por todo o tempo e cuidado que os pais lhe dedicaram? Ainda que fosse possível contabilizar tudo isso, essa é uma "dívida impagável", e muitos filhos crescem com uma sensação de dívida interna, que nunca se acaba. Às vezes, mudam de credor, antes eram os pais, agora são os filhos deles, mas pessoas assim se sentem devedoras eternamente. Se não tomam consciência desse padrão de endividamento emocional e não se libertam dele, correm sério risco de levar esse condicionamento para as finanças.

As pessoas que assumem uma postura de "devedoras" perante a vida geralmente estão se desculpando, sempre sentindo que atrapalham, como se fossem um peso ou tivessem de "pagar" por existir. Por exemplo, filhos que vieram na "hora errada" (será que existe hora certa para ter filhos?) podem sentir que impediram os pais de vivenciar outras experiências e que os "forçaram" a assumir determinadas responsabilidades para as quais ainda não estavam prontos e maduros. Assim, os pais deixaram de "viver a vida" para cuidar desses filhos e estes "devem a vida não vivida" aos pais. Isso é algo muito pesado para carregar.

Pessoas assim, provavelmente, não se sentirão merecedoras, nem de dinheiro, nem de uma vida boa. Como vão enriquecer assim, com esse programa interno como pano de fundo?

Muitas vezes, os pais dão amor e cuidados, mas na realidade esperam receber isso de volta, querendo no futuro o amparo dos filhos. Isso é amor de troca. O filho sente a intenção e, às vezes, rebela-se: "Não vou lhe dar nada em troca!". Os pais, quando fazem isso, agem inconscientemente, porque se sentem desnutridos afetivamente e não vivenciaram uma experiência de amor incondicional com seus pais também.

Há indivíduos ainda que, ao se tornarem pais, imaginam que vão receber dos filhos o amor incondicional que não receberam dos próprios pais e isso vira uma armadilha. Os pais que não receberam amor incondicional também não sabem dá-lo a seus filhos. Os filhos, por sua vez, como não receberam, também não conseguem dá-lo aos pais, não conseguem sentir: "Papai, eu o amo e o aceito do jeito que você é. Eu tenho orgulho de tê-lo como pai!". O amor dos pais pelos filhos precisa ser incondicional. "Filho(a), eu o(a) amo e cuido de você, porque você é meu(minha) filho(a) e você não precisa me dar nada em troca por isso".

Forma-se aqui uma grande frustração entre pais e filhos. Assim constrói-se um ciclo vicioso em que uma geração perpetua a dificuldade de amar da anterior. É preciso cortar esse ciclo.

Os pais também, frequentemente, sentem-se em débito com os filhos porque acham que não foram "bons pais". Então precisam suprir isso de alguma maneira, "pagando" aos filhos. Não é preciso dizer que essa "dívida" é "impagável", e se ambos não cuidarem disso adequadamente, ficarão presos nessa teia de endividamento emocional.

Pais que se sentem em dívida emocional com os filhos precisam dizer internamente e praticar o "sinto muito". E sair da arrogância de que "sabem tudo" ou da humilhação (ou culpa) de "não terem feito certo" ou "onde foi que eu errei?".

A medida de dor e de percepção de cada um é individual. O modo como cada filho sente-se ferido pelo pai ou pela mãe é algo muito pessoal. O que pode magoar e ferir profundamente um filho, pode não ferir outro. Cada um tem um nível e um tipo de defesa, com percepções diferentes.

Respeitar a natureza de cada filho no processo de educação é muito importante, porque é impossível e insano querer educar os filhos, que são indivíduos distintos, de forma igual. A família não é um quartel, onde todos são tratados da mesma maneira, sem dar atenção às diferenças individuais.

Os pais são responsáveis pelos filhos até certo ponto, não pela vida toda. Os filhos não são responsáveis pelos pais, mas podem colaborar com uma atitude de precisa ser usado no lugar do afeto (ou de qualquer outra coisa), evitando endividamentos financeiros.

Se ninguém deve a ninguém, pais e filhos podem se sentir livres para viver suas vidas conforme seus desejos, critérios e valores pessoais. Com as relações equilibradas dentro da família, isto é, o dar e o receber, cada um pode se comprometer e colaborar fazendo a sua parte na organização do orçamento. E quando as trocas afetivas estão saudáveis na família, o consumo de coisas desnecessárias, disfarçadas de essenciais, tende a diminuir.

Exercício em família

O dinheiro fala-nos de nossas trocas na vida: afeto, experiências, ideias, objetos, contatos, tempo. A partir disso:

- Listem o que dão e recebem de cada um dentro da família.
- Como estão essas trocas: equilibradas ou não?
- Conseguem pedir o que querem?
- Dar é fácil ou difícil? E receber?
- Vocês se sentem merecedores de uma vida boa, farta e rica, talvez até uma vida melhor que a dos seus pais?

Capítulo 6
Os cinco passos para a harmonia financeira da família

O início de todo e qualquer relacionamento, não só amoroso, geralmente é uma fase de enamoramento e paixão. É aquele período em que enxergamos só as coisas boas, ficamos encantados e embevecidos com o novo parceiro.

Muitas vezes, o desejo de que dê certo é tão grande que pode nos cegar e mergulhar-nos em um processo de ilusão, no qual não conseguimos enxergar o outro como ele realmente é. Criamos uma fantasia na qual, às vezes, o outro é alguém que na verdade não é.

Quando há um intenso processo de idealização, depois segue-se uma fase de decepção e desilusão: o outro não é o que imaginávamos. É um momento de provação e de amadurecimento da relação. É verdade que isso é frustrante, mas para quem é adulto esse não é um motivo para ir embora, a não ser que seja algo grave e insuportável. Ficar pode ser um aprendizado bacana para superar pontos difíceis e poder transformar a relação. Claro que nem sempre isso é possível. Cada um sabe o seu limite e até onde consegue conviver com alguém.

O outro pode ser nosso espelho quando nos mostra aspectos delicados e obscuros de nossa personalidade, traços esses que precisam ser reconhecidos por nós. É muito mais fácil enxergar determinados aspectos no outro do que em nós mesmos e se a relação é de colaboração e não de competição, podemos crescer juntos e um ajudar o outro a se descobrir melhor.

Podemos falar das coisas que percebemos no outro e em nós mesmos informalmente, com amor, respeito, bom humor, sem criar uma conversa séria e cerimoniosa. Senão vira uma transação comercial, com contratos a serem discutidos e cumpridos. Tudo o que não é dito, aceito e processado entre o casal tem grandes chances de ser desaguado nas finanças.

A seguir, enumeramos cinco passos para ajudar a estabelecer a harmonia financeira do lar.

1. Deixem as regras claras desde o início

O casal precisa combinar, desde o início, como tudo vai funcionar. A fase do namoro geralmente é um período de encantamento e de paixão, em que ninguém fica preocupado em conversar sobre as diferenças que porventura existam entre os parceiros, nem sobre como será vivê-las no seu dia a dia.

Quando vocês se casaram, conheciam a situação financeira um do outro? O que imaginavam? Isso se concretizou? Muitos casais se apaixonam e não querem saber desse lado material da realidade. Vivem o lema "um amor e uma cabana". Essa é uma ideia e um posicionamento infantil de um amor pouco maduro e fantasioso, no qual não se faz contato com as dificuldades e com a vida real. Esse processo de negação da realidade tem um preço caro a ser pago lá na frente. Uma "bela" frustração ou mesmo uma grande dívida.

Por que os casais não conversam claramente sobre a situação econômica de cada um? Por que não se mostram? Isso pode acontecer porque geralmente o casal ainda não tem intimidade e sente medo de não ser aceito. O início da relação é o momento da sedução, em que um quer conquistar o outro, mas seduzir é diferente de enganar.

Falar sobre a situação financeira real, anterior e atual de cada um, é importante. Isso desmancha fantasias e possíveis mal-estares futuros. Conhecer o passado financeiro de cada um também é essencial: da própria pessoa e da família, incluindo seus antepassados, pois essa será uma importante bagagem para os filhos e a convivência familiar.

Outro aspecto que cabe aqui salientar é o fato de existir diferença entre os níveis socioeconômicos de cada membro do casal a partir de sua origem. Isso pode atrapalhar, mas também ajudar, depende de como cada um vai lidar com a questão. Quem está mais abaixo pode puxar o outro para baixo ou quem está acima pode trazer o outro para cima. O casal sempre vai tentar se equiparar para poder conviver. Se os dois puderem crescer juntos e um aprender com o outro a relação será muito rica.

Nesse aspecto também entra a aceitação do clã do seu(sua) companheiro(a). Infelizmente, muitas pessoas, dentro do seu casamento, se anulam com o intuito de manter a relação. Anular-se significa não se valorizar, não se colocar em uma posição de igual para igual com seu cônjuge ou parceiro e, muitas vezes, essa perda emocional, da própria identidade não vivida, pode ser cobrada com juros e correção monetária mais tarde, com dinheiro de verdade!

Sabe-se que muitas das discrepâncias entre os cônjuges começam no namoro e são deixadas para lá. Seria muito bom que os casais conversassem sobre todos os assuntos pertinentes a sua vida já durante o namoro. O namoro é a fase da conquista, mas também e, especialmente, de conhecimento mútuo. É uma pena perceber que poucas pessoas aproveitam essa fase para realmente se conhecerem um pouco mais.

Sabemos que falar de dinheiro não é nada romântico e ainda é um tabu. É considerado falta de educação conversar sobre o preço das coisas, o salário das pessoas, as dívidas ou os investimentos. Apenas com pessoas muito íntimas esse assunto é permitido e olhem lá. Tocar nesse assunto ainda no namoro pode causar constrangimentos, dando uma ideia de que a pessoa está interessada em "dar o golpe do baú".

Em geral, o dinheiro também não é um assunto falado claramente nas famílias. Às vezes, ele é motivo de competição e brigas entre irmãos. Frequentemente, em torno do dinheiro, criam-se muitos segredos e fantasias: "Olha o carrão do vizinho... deve estar nadando em dinheiro!". Pode ser que ele esteja endividado e ostente uma aparência de rico! As pessoas deixam-se enganar...

Um bom relacionamento não nasce pronto. Ele é construído a cada dia, com cada gesto de carinho, cuidado, delicadeza, que expressa o amor e o bem-querer que um tem pelo outro. Assim também o afastamento e a indiferença entre o casal é construída gradativamente com cada gesto de grosseria, de desqualificação e de falta de respeito de um para com o outro.

Se vocês pretendem enriquecer ou, pelo menos, melhorar o padrão financeiro em que estão, é primordial que vocês saibam conversar um com o outro. Falar sobre dinheiro envolve intimidade e intimidade envolve confiança. Sem confiança, não dá para falar sobre o que vocês sonham realizar, mostrar seus medos, o que é importante para vocês, quais são suas aflições e angústias. Não dá para assumir que vocês fizeram um mau negócio, muito menos para admitir que estão endividados. Nós mesmos já escutamos muitas histórias em que um dos cônjuges estava "quebrado" e não queria que o outro soubesse. A relação entre eles foi ficando distante, pois havia um segredo a ser mantido.

Na formação de uma nova família, que começa com um casal que decide viver junto, é necessário não só compartilhar sonhos e expectativas, mas também traçar metas juntos. Vocês conhecem os desejos um do outro? Quando esses conteúdos ficam às escondidas, muitas vezes dão margens para fantasias e ilusões em relação ao outro ou mesmo para mal-entendidos.

Infelizmente, muitas pessoas vivem juntas na mesma casa e pouco se conhecem, pouco sabem da vida e dos anseios um do outro. Criem oportunidades de encontros em que possam compartilhar mais os sonhos e os desejos de cada um. Construam juntos um plano de metas: financeiro, emocional, social, espiritual etc. e vejam que áreas são importantes para vocês. Conversem sobre seus valores e deixem que eles os norteiem nessa tarefa.

- **Se vocês ainda não se casaram:** se decidiram se casar, é preciso que vocês sejam os autores e os responsáveis pela cerimônia. Delegá-la aos pais e aos sogros é não assumir um papel adulto. A festa é para vocês ou para os pais ou a família? Conversem sobre a cerimônia que querem. Civil, religiosa? Estão de acordo? Esse pode ser um ótimo treino para começarem a organizar o orçamento: o planejamento do ritual. Está dentro da realidade de vocês? Se não está, por que querem fazê-lo? Comparem preços, negociem descontos. Paguem à vista. Para isso talvez seja necessário o planejamento da cerimônia com bastante antecedência, o que exigirá uma poupança com bons investimentos para realizar esse sonho. Financiar e comprar coisas fora da realidade de vocês é uma forma de já arrastar, desde o início do casamento, uma carga emocional de endividamento.

  Conversem sobre o sonho ou o desejo de casar de cada um. Geralmente, os sonhos masculinos são bem diferentes dos femininos nesse quesito. O que é importante para cada um: uma festa maior e uma viagem de lua de mel simples ou o contrário? Se vocês podem ter os dois, ótimo! Aproveitem. Se não podem, façam o que é viável e o que cabe no bolso de vocês.

- **Se vocês ainda não têm filhos:** filhos são bênçãos, mas com eles vêm muitas mudanças e também despesas. Se for possível vocês se conhecerem melhor, antes da chegada deles, ótimo. Se não for possível, também não é o fim do mundo.

  Aproveitem o início do casamento para perceber e revelar os hábitos um do outro. É o tempo de construção de uma nova rotina juntos. Vocês vão almoçar juntos ou separados? As refeições serão em casa ou na rua? Há necessidade de enxugamento de gastos? O que vale mais à pena? Comer em casa ou fora? Vocês terão uma empregada ou farão o serviço doméstico?

- **Se vocês não sabiam nada disso antes:** e caíram na armadilha das dívidas, agora arregacem as mangas e trabalhem juntos para sair desse redemoinho. Depois, avaliem as metas traçadas: são coerentes com os valores apontados? São realizáveis no prazo estabelecido?

Esclareçam os pontos importantes antes de firmarem novos compromissos. Isso pode evitar aborrecimentos futuros. Às vezes, os conflitos começam aqui na hora de discutir e priorizar o que é importante. Se isso não foi feito antes, façam-no agora. Como diz o ditado: "Antes tarde do que nunca".

Se tudo isso não foi conversado antes, mesmo que o casamento já exista há muito tempo, indicamos que parem e conversem já. Quanto mais vocês puderem se conhecer, mais fácil será se ajudarem e atingir seus objetivos juntos. Quando os desejos individuais são respeitados, é mais fácil atingir os objetivos familiares. Filhos e cônjuges vistos e respeitados são mais colaboradores e leais.

Para o casal crescer e se manter unido, é fundamental que construa um espaço de diálogo franco e verdadeiro. Aprender a se expressar e se mostrar para o outro nem sempre é fácil, mas é possível. É um passo de cada vez.

Exercício em família

Procurem se lembrar do primeiro encontro de vocês e conversem sobre isso. Expressem o que sentem. O que não é dito e sentido vira outra coisa e pode gerar sentimentos de dívida emocional de um para com o outro, e, no futuro, desaguar nas finanças.

- Como foi quando se conheceram? Sentiram-se logo atraídos um pelo outro? Foi algo que foi crescendo? Por que decidiram se casar? Se vocês não se casaram oficialmente, por que não o fizeram?
- Se pudessem voltar atrás, ainda se casariam um com o outro? Por quê? Que história contariam para os filhos sobre o relacionamento de vocês?
- Quando vocês saíam para jantar fora, ir ao cinema, quem pagava a conta? Tudo era dividido? Por quê?
- Vocês conversavam sobre finanças? Planejavam como seriam as finanças de vocês como casal?
- Seu companheiro conhece os valores que norteiam sua vida? E a importância que o dinheiro tem para você?
- Quais assuntos são permitidos e quais são proibidos de serem tratados entre vocês, como casal? Quais são os segredos que você imagina que seu cônjuge tenha? Você teria coragem de abrir os seus? Por quê?
- Seu cônjuge sabe o valor que você paga em suas roupas, seus sapatos e acessórios?
- Como vocês pretendem educar seus filhos, nas diversas áreas da vida: material, intelectual, social, emocional, espiritual? O que pretendem lhes oferecer?
- O que cada um de vocês pensa sobre seu salário? O dinheiro é dividido entre o meu e o seu? Entre vocês existe o nosso dinheiro?
- Você se sente acolhido e inserido na família de seu cônjuge?
- Seus sogros e cunhados sentem admiração por você? Isso é algo tranquilo para você ou o incomoda?
- Há competição ou colaboração entre vocês? Sua família aceita seu(sua) companheiro(a)?

2. Estabeleçam a intimidade financeira da família

Qualquer intimidade é construída a partir da empatia e da capacidade que temos de nos revelar ao outro e de nos tornar próximos. É um encontro de almas, de coração a coração. Sem intimidade emocional, é impossível ter intimidade financeira.

A intimidade emocional entra no terreno de nossos desejos e nossas necessidades e diz respeito às nossas emoções mais íntimas, aos anseios da nossa essência. Se há carinho e respeito entre o casal e a família, fica mais fácil abrir o coração e confiar no outro, vivenciando um contato mais verdadeiro e sem máscaras.

Um bom jeito de construir isso é fazendo e vivendo experiências juntos. Aproximem-se, mostrem suas características um ao outro, suas preferências e seus desagrados. Aceitem o outro e a si mesmos. Cada um é o que é. Não tentem modificar o outro, pois isso não funciona. Criem cumplicidade entre vocês e, depois de falarem sobre seus sentimentos e desejos, com certeza será mais natural conversar sobre dinheiro.

Pela nossa experiência, quando o casal tem dificuldade de esclarecer um para o outro sua real situação financeira, bem como suas metas, isso costuma gerar conflitos que são trazidos para a convivência (e muitas vezes para a cama!) e afetam os filhos.

Historicamente, sempre coube ao homem zelar pela segurança do território e trazer alimentos para a família. E à mulher, cabia transformar esse território em um lar, em um ninho aconchegante onde todos pudessem se encontrar e se nutrir. Com o passar dos anos, esses papéis foram se modificando, mas ainda carregamos no nosso psiquismo essas referências ancestrais: os homens cuidam das estruturas e as mulheres preenchem-nas, cuidando da prole.

Com a inserção da mulher no mercado de trabalho, essas funções ficaram misturadas e, por vezes, confusas. Muitas mulheres são as provedoras e mantenedoras do lar. Muitos homens participam das tarefas domésticas e dos cuidados com os filhos.

Mesmo com as mudanças de papéis, encontramos mulheres emancipadas que querem que o homem pague a conta do jantar sozinho ou, ainda, mulheres que não querem que eles paguem. Algumas ainda têm dificuldade de aceitar ajuda e mostrar sua vulnerabilidade.

Muitas mulheres ganharam espaço no mercado de trabalho e construíram sua autonomia financeira. Entretanto, na essência, ainda carregam desejos inconscientes de ser amparadas por um homem, como acontecia nos primórdios da humanidade. No inconsciente coletivo da espécie, o "bom homem" é o "bom caçador". Se a mulher puder aceitar isso como forma de não negar sua natureza feminina, que quer se expandir, mas também ser protegida, isso pode ser integrador. E isso não diminui as mulheres, nem tira a independência delas.

É muito importante que vocês, casal, conversem sobre como cada um vê as despesas de um casamento e de uma família. Quem deve pagar o quê, como, quando e onde? E por quê? Vejam os valores que vocês têm, a rotina de cada um. As habilidades e o tipo de atividade profissional que cada um desenvolve são imprescindíveis de ser lembrados e valorizados nessa hora.

É fundamental que cada um dê a sua parte, que não necessariamente será meio a meio das despesas da casa. Num casamento equilibrado, cada um é responsável por 50% da relação. Essa referência pode ser levada para as finanças, mas com bom senso.

Muitos casais, em que ambos são profissionais e têm renda, possuem patamares salariais bem diferentes. Para terem um estilo de vida comum, vão precisar se ajudar e compartilhar. Se isso não é feito, corre-se o risco de terem dois padrões de vida dentro da mesma casa, em que um pode ter um carro melhor, roupas melhores e outro não. Como será na hora de viajar, quando um tem mais dinheiro do que o outro, mas não compartilha a renda adquirida? Como um casal vai caminhar junto e crescer assim?

Aquele que colabora com menos dinheiro, pode (e precisa) colaborar com outra coisa, com seu próprio trabalho e tempo dedicado ao cuidado da casa e das crianças, por exemplo. Esse pode ser um acordo, inclusive temporário, entre o casal, até que o outro se estabeleça em uma profissão.

Colocar mais dinheiro na estrutura da família é um exercício de generosidade que precisa acontecer entre o casal. Por outro lado, dedicar seu tempo pessoal para administrar a casa, que é dos dois, também é um exercício de compartilhamento. Se essas trocas estiverem muito desiguais no casamento, em que um se sente dando mais do que o outro, pode-se construir uma relação de endividamento emocional. Quem coloca menos dinheiro precisa valorizar as outras coisas que coloca na relação e quem recebe essa ajuda também.

Já acompanhamos diversos casais em que o homem era o único provedor ou gerava mais dinheiro que a mulher. Esta colaborava com a administração do lar e o cuidado com os filhos. A mulher se sentia inferiorizada, achando que não tinha direito ao "dinheiro do marido". O marido, por sua vez, achava que a mulher não colaborava com muita coisa, que sua participação era mínima, como se ela não fizesse praticamente nada, e que tinha uma vida boa, fácil, sem trabalhar fora de casa! A mulher também achava isso, pois não valorizava sua dedicação.

Muitas pessoas acham que lavar e passar roupa, cozinhar e limpar a casa são trabalhos "menos nobres" do que ter uma profissão. O trabalho doméstico muitas vezes não aparece e geralmente não é valorizado. O marido teve condições de trabalhar muito, estudar e crescer profissionalmente, porque recebia o apoio da mulher que cuidava de coisas que também eram sua responsabilidade, como manter a casa limpa e organizada e ainda cuidar (e educar!) os filhos.

Essa é uma forma reducionista de ver a relação de par. Quem tem uma atividade fora de casa de mais horas terá menos disponibilidade para assumir tarefas domésticas e vice-versa. O bom senso, o respeito e o carinho aqui são fundamentais. É preciso encarar um casamento como uma verdadeira sociedade, uma parceria, em que cada um entra com uma parte e todos ganham juntos. Se cada um realmente fizer a sua parte, é lícito que o que for conquistado pertença a todos. Quando isso não está claro pode gerar inúmeros conflitos.

Quando os dois trabalham fora de casa em suas carreiras, nem sempre os ritmos e as exigências profissionais são as mesmas. Há fases em que um é mais exigido no trabalho ou em alguma circunstância pessoal (uma doença ou uma crise, por exemplo) e depois isso passa. É importante ter essa compreensão e até um revezamento em que um dá mais, momentaneamente, e depois o outro, em outra circunstância, retribui. Isso é uma parceria generosa e frutífera.

Quando as trocas não estão equilibradas no casamento e um se sente dando mais do que o outro é importante parar para refletir até onde isso realmente está acontecendo ou se pode ser um sentimento antigo, sendo trazido para a relação. Muitos parceiros sentem que estão recebendo pouco de seu cônjuge e colocam isso em termos financeiros, exigindo que este assuma mais compromissos na esfera econômica. De quem vocês cobram, em forma de dinheiro, são realmente quem lhes deve? Revejam a história com seus pais. Talvez a fenda emocional esteja aí. Ou ainda pode estar em algum relacionamento conjugal anterior, em que vocês não tenham se sentido importantes ou qualificados. O cônjuge atual não tem culpa das coisas que faltaram ao outro em sua vida pregressa.

Não há um modelo de orçamento financeiro familiar que sirva para todos. É importante que cada família construa o seu, a partir de suas necessidades e possibilidades. Quando um casal tem rendas muito diferentes, um modelo interessante pode ser "quem ganha mais, contribui com mais". Ou seja, vocês podem estabelecer um percentual razoável para gastar com moradia e alimentação. Caso contrário, haverá um rico e um pobre morando na mesma casa. Experimentem praticar a generosidade e o desapego. Quem dá menos dinheiro pode contribuir de outra maneira.

Exercício em família

- O que vocês, como casal, esperam financeiramente do seu casamento? Quanto querem ter? Para fazer o quê?
- Conversem sobre a real situação econômica de vocês. Têm dívidas? Estão vivendo dentro da realidade de vocês? Por quê?
- O que cada um está disposto a colocar no casamento em termos de dinheiro e outras coisas? Qual vai ser a colaboração de cada um?
- Qual o modelo de casamento que cada um trouxe da vivência com seus pais?
- Como se sente quem paga mais? O que sente quem paga menos?
- Há ressentimento ou acomodação na relação? Alguém se sente extorquido ou sobrecarregado? Como vocês podem se ajudar e melhorar a relação afetiva?
- Quanto cada um pode e quer dar? Quanto cada um pode e quer ou consegue receber?
- É fácil ou difícil dar dinheiro ao outro? É fácil ou difícil receber dinheiro do outro?
- Vocês enxergam e qualificam o que o outro faz pela relação sem ser através do dinheiro: fazer o supermercado, levar e buscar os filhos, organizar a casa etc.? Incluam os filhos nessa partilha de colaboração.

3. Resolvam pendências financeiras e emocionais

Qualquer pendência, seja na esfera econômica, emocional ou em outro setor, gera um "buraco", por onde vaza energia. Você consegue se imaginar enchendo um balde com água que esteja furado embaixo? Boa parte do que você juntar será drenado por esse furo.

Querer juntar dinheiro sem olhar para o que está pendente é a mesma coisa. Se vocês têm dívidas, é preciso saldá-las. Não dá certo vocês pagarem juros (ou seja, jogar dinheiro fora), com algum dinheiro aplicado (que recebe juros). No nosso sistema financeiro, a taxa de juros paga em uma dívida é sempre muito mais alta do que a recebida em um investimento, e isso nunca vai compensar.

Na família, são muitas as confusões e os conflitos de sentimentos que desembocam no mau gerenciamento das finanças. O que está presente no inconsciente de cada membro da família influencia a maneira de cada um usar e gastar o dinheiro, mesmo que todos já saibam as operações matemáticas básicas. Para entendermos a construção das dívidas monetárias, é fundamental que compreendamos, primeiramente, o endividamento emocional.

Tudo o que vivemos e aprendemos encontra-se registrado em nosso inconsciente, no que se refere à forma de viver a vida e de lidar com tudo à nossa volta, não só em relação à esfera financeira. As questões emocionais têm uma relação direta com o lado financeiro. Dívidas financeiras espelham conflitos na esfera emocional. Dessa maneira, para resolver as dívidas financeiras, é necessário, antes de qualquer coisa, descobrir as dívidas emocionais que estão por trás delas.

O endividamento financeiro é construído gradativamente, e por isso é chamado de "processo". Geralmente, ninguém se endivida da noite para o dia, nem tampouco sai das dívidas de uma hora para outra. São necessárias mudanças de atitude e conscientização das emoções conectadas a essa questão. Daí a importância de cuidar dos aspectos emocionais associados para a transformação do comportamento ser profunda e também duradoura.

Antes de entrar em um endividamento, normalmente a pessoa passa pela negação de muitos sentimentos, como a raiva, o medo, o abandono, a inveja e a vergonha que sente de outras pessoas ou de algumas situações. Em geral, a pessoa apresenta dificuldade de viver de acordo com sua realidade econômica e passa a consumir bens e serviços fora das suas possibilidades. Sem humildade e coragem para aceitar essa condição, deixando para adquirir o bem desejado somente no futuro, é difícil sair de uma situação de dívidas.

Há indivíduos que se endividam porque sentem inveja de algo que outra pessoa tem ou faz e sentem raiva por também não tê-lo ou fazê-lo. Desejam pertencer e ser reconhecidos no grupo em que estão inseridos e querem também adquirir o que muitos têm ou fazer o que outros fazem.

Sentir raiva e inveja é natural, são sentimentos humanos. E todo sentimento é originalmente bom, porque é uma reação de cada organismo, a partir de algum estímulo. Maléfico pode ser o que se faz com essas emoções. Na realidade, existe uma grande distância entre sentir e fazer. É possível sentir essas emoções e decidir não atuar segundo suas regras. Isso é maturidade. Reconhecer esses fatos é fundamental para poder sair de um processo de endividamento.

O ressentimento e a inveja ocupam espaço dentro da pessoa. É preciso jogá-los fora para abrir espaço à abundância e para receber as novidades que a vida traz.

Aceitar a condição atual também é um passo importante para a pessoa não entrar na *roda do endividamento*. Outro ponto fundamental aqui é usar o dinheiro para o que se pode e não para o que se deseja.

Desse modo, quanto mais inveja a pessoa sente do outro ou das coisas do outro → mais ela quer ter → consequentemente, mais compra → se não tiver dinheiro suficiente para isso, vai se endividar → o endividamento gera tensão e angústia → como é incômodo ficar com esses sentimentos, a pessoa pode buscar o alívio desse mal-estar, consumindo mais → consumindo mais, seu endividamento aumenta e pode ficar com mais inveja de quem tem mais. Dessa forma, fecha-se o ciclo do endividamento, que se retroalimenta.

A roda do endividamento

1. Quanto mais tem inveja
2. Mais quer ter
3. Mais compra
4. Mais deve
5. Mais tenso e angustiado fica
6. Mais consome para aplacar esses sentimentos
7. Mais deve
8. Mais inveja sente

Aceitar sua condição atual, nesse caso, é diferente de resignar-se, que seria algo como "nada posso fazer para melhorar". Aceitação significa "agora não posso, mas vou trabalhar, gerar dinheiro e me empenhar para um dia poder!".

O exemplo de Francisco ilustra bem a situação. Ele é um alto executivo de uma grande empresa, que viaja muito a trabalho e está sempre ausente da rotina da mulher, Cíntia, e dos três filhos adolescentes. Cíntia abriu mão da carreira profissional para dar suporte às crianças quando eram pequenas. Agora ela se ressente, pois sente falta de ter "algo para ela".

Ela culpa Francisco por essa escolha e, inconscientemente, vinga-se dele, gastando muito com roupas, sapatos e acessórios. Quem paga a conta, aparentemente, é Francisco. Como ele se sente culpado, acaba aceitando as extravagâncias da mulher. Aos poucos, vão construindo uma vida de conforto, além das reais possibilidades deles, como forma de compensar o vazio, pela pouca convivência que têm juntos em família. No fundo, os dois saem perdendo: ela deixa de colaborar para eles pouparem mais, alimenta seu ressentimento e empobrece a família; ele aceita passivamente essa situação e remói sua culpa. Como ele não dá reconhecimento emocional à mulher, que se sente desprestigiada, ela, por sua vez, não põe seus limites e não enfrenta os próprios sentimentos. Eles acabam se afastando e esfriando o casamento.

Exercício em família

- Vocês vivem dentro da realidade financeira de sua família? Como?
- Existem dívidas emocionais? Como poderiam ser resolvidas?
- A família está em sintonia, usando o dinheiro de forma equilibrada?
- Vocês teriam coragem de abaixar seu padrão de vida, se fosse preciso, para quitar dívidas? Por quê?

4. Entendam as diferenças de perfis

É comum vermos casais que vivem bem juntos, mas são opostos em sua forma de manejar o dinheiro. Cada um tem seu jeito de ser, de se expressar, de pensar. Cada um teve uma educação, e recebeu influências variadas a partir das experiências vividas.

A partir desses fatores, um será mais arrojado, organizado, outro mais criativo, talvez flexível. Às vezes, um é controlado economicamente e o outro é desligado ou mesmo gastador. Além de termos as diferenças de gênero, pois homens e mulheres são diferentes na sua essência e na sua forma de lidar com o mundo, existem as diferenças nos traços de personalidade e na forma de viver a vida.

Por baixo de um consumo desenfreado, podemos encontrar as doenças do contato humano: dificuldades de se relacionar, de se mostrar, de se fazer respeitar, de colocar limites e, especialmente, dificuldade de amar. Aprendemos a amar na família, mas muitas vezes, no próprio seio familiar, as necessidades de amor, carinho e reconhecimento não foram atendidas.

As relações vividas na família vão influenciar o indivíduo, no futuro, a construir outras relações parecidas. Essas experiências vão se repetir não só na área relacional, mas também na econômica. Por exemplo: se a pessoa foi pouco estimulada a doar, a compartilhar, e se lhe ensinaram a ser mais apegada com suas coisas e seus sentimentos, ela pode tender a ser mais avarenta na vida, inclusive com o dinheiro. Da mesma maneira, a criança que foi estimulada a cuidar dos outros e a pensar menos em si pode se transformar em um adulto mais desapegado e desligado do dinheiro. A partir disso, algumas pessoas tornam-se:

- **Viciadas em gastar:** são indivíduos que têm dificuldade de guardar, reter outras coisas, não só o dinheiro. São como um "saco sem fundo". São muito carentes e tendem a entrar em depressão com facilidade. Sentem muito vazio interior e experimentam a angústia com frequência, embora lutem contra isso. São pessoas mais vulneráveis, facilmente influenciadas pelo apelo consumista. São sedentas de afeto, de reconhecimento e tentam preencher, com o consumo, o abismo que está dentro delas. Como a satisfação é momentânea, transitória, rapidamente passa. E precisam consumir novamente. Saciar-se emocionalmente é algo fundamental para esse tipo de pessoa.

- **Viciadas em juntar**: são aquelas pessoas conhecidas como sovinas ou muquiranas. Não sabem dar, não sabem dividir, não confiam. Tendem para o egoísmo. Podem conseguir gerar muito dinheiro, mas têm dificuldade em desfrutar dele e em doá-lo. São aqueles indivíduos que provavelmente tiveram muito só para si e não aprenderam a dividir. Ou, ainda, viveram em famílias carentes, nas quais faltou muita coisa e desenvolveram muito medo da privação. Não são generosos. Têm "paranoia" de que alguém vá tirar algo deles (a empregada, o vizinho, o banco etc.). Têm dificuldade também em dar outras coisas: afeto, informação, conhecimento adquirido, tempo etc.

Compartilhar é uma experiência importante para esses tipos de pessoa e, dentre esses, não há um tipo melhor e um pior. Ambos revelam desequilíbrio emocional e social, antes do desequilíbrio monetário.

Essas pessoas vão apresentar problemas financeiros, ou por gastar demais ou por não saber desfrutar do dinheiro, respectivamente. E vão se atrair, em uma tentativa inconsciente de se completar e de buscar inteireza. Na prática, elas se aproximam e muitas vezes se casam, mas, com o tempo, essas relações tendem a ficar competitivas e desgastantes. O que era para ser um aprendizado de aspectos não desenvolvidos, como partilha e cooperação, torna-se um desafio para "vamos ver quem ganha ou tem mais poder". Passada a atração inicial, sem mudança e compromisso de ambas as partes para crescer, eles tendem a se destruir. Nesse tipo de relacionamento, aprender com o outro e completar-se com ele, de forma mais adulta, é um desafio e um exercício de maturidade. Em função das experiências vividas e da maneira como foram estimulados e cuidados, esses indivíduos podem se tornar:

- **Doadores**: são os que normalmente cuidam do outro, nutrem, geram, ajudam, ensinam, doam informações, colaboram, até mesmo com di-

nheiro. Têm dificuldade em receber dinheiro de outros, bem como reconhecimento positivo e cuidados. Precisam aprender a receber, inclusive a receber cuidados.
- **Recebedores**: são aqueles que recebem os cuidados, são ajudados, ouvidos, nutridos, os que normalmente gastam o patrimônio que o outro construiu. Têm dificuldade em gerar o próprio dinheiro e fazê-lo ser suficiente para si e para outrem. Geralmente, não sabem compartilhar nem fornecer reconhecimento positivo (elogios) e precisam aprender a doar e a cuidar do outro.

O que vemos acontecer, cotidianamente, é que essas pessoas se juntam e se aproximam. Sabem aquela história de que os opostos se atraem? Os pares normalmente são assim: o avarento com o gastador; o desequilibrado com o equilibrado; o desorganizado com o organizado. Isso acontece nas finanças e em outros aspectos da vida.

Existem ainda algumas variações disso: a pessoa que é avarenta consigo e generosa com os outros e vice-versa. É aquela pessoa que dá para o outro, mas não consegue dar para si. Ou aquela que dá para si, mas não consegue ser generosa com o outro – é o "famoso" egoísta.

O que isso tem a ver com as finanças? A partir do momento em que identificamos esses padrões de relacionamento, percebemos quanto eles também aparecerão na relação com o dinheiro e influenciarão as pessoas na escolha dos seus papéis dentro da família.

O modelo familiar que cada um de vocês recebeu, o jeito que seus pais tinham para lidar com o dinheiro e as dificuldades ou as facilidades vividas por suas famílias, também influenciarão as escolhas que farão e nas suas decisões financeiras pela vida afora. Quem foi mais exigido, controlado, pode se comportar assim também ou se rebelar, ficando mais desligado e desorganizado economicamente.

Exercício em família

Pratiquem o respeito às diferenças e conversem sobre os sentimentos de vocês em relação aos temas a seguir.

- Financeiramente falando, com quem cada um de vocês se identifica: com o seu pai ou a sua mãe?
- Quais são os pontos de provocação que vocês têm um com o outro, por exemplo, o que cada um faz que irrita ou incomoda ao outro?
- Em que vocês concordam sobre as decisões econômicas? Em que vocês discordam?
- Como chegar a um consenso? Cada um pode ceder um pouco?

5. Evitem ressentimentos

Os sentimentos guardados e não mostrados viram ressentimentos, como uma água parada que apodrece e cheira mal. É como esconder a sujeira embaixo do tapete: em determinado momento, ela vaza e tudo o que estava escondido vem à tona.

Por que é tão comum as famílias não expressarem o que sentem? Em nossa cultura é feito um condicionamento para as pessoas não falarem abertamente sobre o que pensam e sentem. Com isso, reprime-se a espontaneidade. Esta é vista como algo feio, falta de educação e grosseria e, além disso, é uma maneira de controlar o outro.

É claro que é preciso bom-senso na hora de saber o que falar e com quem, mas é muito estimulada e reforçada a manutenção das aparências. Quando os sentimentos mais "feios" são mostrados, a fachada fica suja e o "mito da família feliz" é desconstruído. Para muitas famílias é mais importante a aparência, o que os outros vão dizer, do que o que as pessoas realmente estão sentindo. Para muitos, a intimidade emocional entre as pessoas não é um valor. Estabeleçam os valores da relação de vocês. Vocês querem algo mais profundo e intenso ou mais raso e superficial? Não tem certo nem errado. Reflitam, façam suas escolhas, dentro do que é possível para vocês e sejam coerentes.

O processo de educação, a própria repressão social, a falta de educação emocional (não conhecer os próprios sentimentos e não perceber os dos outros), o medo de não sermos compreendidos, de o outro ficar chateado, deixar de gostar de nós, tudo isso pode gerar insegurança na hora de se mostrar. Contudo, manter segredo e esconder o que realmente se passa dentro de nós tem um alto preço, um custo emocional por guardar, que pode ser transferido para uma doença ou um consumo exagerado para compensar a insatisfação relacional.

Quando se casaram, havia pendências de outras relações? Foram morar com a família do cônjuge, trouxeram filhos de outro casamento etc.? Quem traz mais questões complexas para serem lidadas na relação precisa colaborar mais para ter harmonia no sistema.

Se houve casamentos anteriores, esclareçam o que é de direito de cada um. Vocês têm a sensação de que as trocas entre vocês estão balanceadas ou desequilibradas?

Tudo aquilo que não está em harmonia pode trazer algum nível de conflito para a relação. Às vezes, o ato de colocar dinheiro no casamento pode significar uma forma de reparar o desequilíbrio emocional provocado no sistema.

Muitos casais evitam falar claramente sobre dinheiro porque têm a crença ou fantasia de que se falarem abertamente sobre isso pode ser uma demonstração de que são interesseiros e estão visando "se dar bem" financeiramente. E sobram muitos ressentimentos. Na cultura norte-americana, eles fazem isso de um jeito tão formal e explícito que parece um contrato de trabalho e já deixam esclarecidas, inclusive, a possível pensão e a partilha de bens em uma provável separação.

É importante que tudo isso seja tratado, especialmente quando há filhos de relações anteriores e que já entendem do assunto (adolescentes, adultos) e é muito importante que se esclareçam esses pontos: quem entra com o que, o que é de direito de cada um para evitar futuros conflitos e desmanchar algumas fantasias, às vezes até maldosas sobre o padrasto ou a madrasta.

Quando há casamentos anteriores, é fundamental que fiquem estabelecidos os valores de pensão. É preciso ainda criar espaço para lidar com os sentimentos do que isso significa para cada um. Os filhos do casamento anterior vão morar com vocês? As regras da casa em comum precisam estar definidas e estabelecidas pelos pais.

Para ter harmonia no novo casamento, é importante cada um receber o ex-parceiro e os filhos de outro casamento do seu cônjuge no seu coração, com respeito. Isso é fundamental para o casamento atual dar certo. Não é possível se obrigar a gostar, mas é importante aceitar o passado do cônjuge. É fundamental ocupar o seu lugar de padrasto ou madrasta, sem querer competir com o genitor do enteado, imaginando ser uma mãe ou pai melhor do que eles foram ou são. Isso sempre traz conflitos para o campo familiar.

Se há filhos menores da união anterior, é importante que estes estejam amparados, inclusive financeiramente, senão isso pode respingar no novo casamento. Muitos pais, todavia, confundem esse amparo com uma relação eterna de sustento, inclusive com o(a) ex-companheiro(a), gerando conflitos e ressentimentos na relação atual. O marido ou a esposa atual se sente desprestigiado(a) em função disso? O atual marido (ou esposa) se sente culpado(a) de ter abandonado a família anterior e por isso tem de pagar com dinheiro para reparar "o mal" que fez aos filhos? Talvez precise pagar para aliviar a culpa de ter saído do casamento.

Relações conjugais paralelas e filhos tidos fora do casamento (e que estão escondidos como segredos) tendem a contaminar a harmonia familiar e interferir na relação com as finanças. Pais que não assumem seus filhos podem se bloquear internamente para construir uma boa renda e poder desfrutar dela.

Filhos não assumidos e ex-mulheres desamparadas trazem problemas para o novo relacionamento. Muitos "ex" se recusam a pagar uma pensão justa para o filho de outra união como forma de se vingar do ex-cônjuge ou de controlar a vida dele, dificultando as coisas para todos. Muitas ex-mulheres também não constroem autonomia como forma de se manterem ligadas ao "ex", fazerendo-o pagar com dinheiro por danos emocionais que alegam viver em função da separação.

A vingança cava dois buracos. E esse é um alto preço emocional a ser pago: deixar de viver a própria vida e se desenvolver profissional e financeiramente para atingir o outro ou atrapalhar sua vida. Será que vale a pena? Isso definitivamente não é ser adulto. É um comportamento infantil que tem a ver com a história passada da pessoa.

Se você está no papel de "ex", lembre-se de que a pensão é para os filhos em comum que vocês tiveram. Ser ex-mulher ou ex-marido não é emprego. Se não houver nenhuma deficiência que o(a) incapacite para trabalhar, recupere sua dignidade e seja capaz de se sustentar como uma pessoa madura faz.

Outro aspecto que também acontece é quando os filhos não conseguem se desligar de seus pais para construir a própria família. Vemos filhos que sustentam os pais ou os irmãos, sem conseguir se dedicar prioritariamente à família que formaram. Muitos não conseguem se casar de verdade e priorizar o próprio casamento como algo mais importante de ser vivido do que estar com os pais. Para esses indivíduos é difícil sair da condição de filhos, assumir o papel de esposo(a) e ainda de pai ou mãe. Os pais, por sua vez, seguram esses filhos, em uma teia de dependência emocional, disfarçada na dependência financeira. O que pode ajudar o casal a se desconectar do sistema familiar antigo é a vivência da sexualidade, pois essa é uma força poderosa que os conecta.

Combinem o que fazer em caso de falecimentos. Uma pasta "herança" é muito útil para quem fica. Pode ajudar nas ações a serem tomadas, em um momento doloroso e perturbador. Verifiquem as condições necessárias para o estabelecimento de pensões e pagamentos de seguros: documentos originais, autenticações, instruções, procurações, apólices, extratos de investimentos. Listem credores e devedores. Procurem organizar toda essa papelada nessa pasta.

Deixem um testamento ou façam a partilha em vida. É muito mais simples e mais barato do que deixar tudo para ser resolvido em um inventário. Para as famílias que possuem bens, há maneiras de minimizar os custos e o trabalho decorrentes da transmissão destes, por meio de herança. A solução é montar uma *holding* familiar, que, de forma simples, é uma empresa, que presta serviços civis, eventualmente comerciais, mas nunca industriais. Os sócios são os próprios familiares. Dessa maneira, todos os bens podem ser alocados para fins de gestão e sucessão. Estes passam a ser propriedade da empresa, a *holding*. Se acontecer um falecimento, a empresa continua, trocando-se apenas o sócio falecido por seu sucessor, assumindo este a sua cota na estrutura societária, conforme combinado previamente nos estatutos e nos contratos sociais. Assim, não há transmissão formal de bens, diminuindo muito a burocracia, os custos com advogados, as taxas e os impostos. Para construir uma *holding* existem escritórios de advocacia especializados.

Exercício em família

- Conversem sobre expectativas, metas, sonhos e ilusões que cada um tem sobre todos os assuntos. Se nada disso não foi tratado antes, parem e conversem já.
- Estabeleçam o que cada um acha adequado para não haver mágoas ou condições não confortáveis para nenhum dos dois.
- Tracem um plano do que fazer com "o meu", "o seu" e "o nosso" dinheiro.
- Conversem sobre as situações de casamentos anteriores, pensões, filhos, padrastos, madrastas etc.
- Conversem sobre heranças, partilhas etc.
- Estabeleçam as condições em que todos possam se sentir bem.

Capítulo 7
Construindo vínculos fortes

O ciclo vicioso do consumo

Quanto mais pobre estiver a vida relacional na família, ou seja, quanto menos houver encontros, abraços, beijos e partilha, mais vocês precisarão consumir algo externo, em uma tentativa de sanar essas carências emocionais, ligadas ao amor, ao contato e ao convívio.

O sistema capitalista cria necessidades nos indivíduos, que, na verdade, eles não têm. Assim, quanto mais vocês consomem, mais têm de trabalhar para saldar suas despesas. E quanto mais trabalharem, menos tempo terão para se nutrir com leitura, contatos, afetos, experiências, encontros. Portanto, vocês podem ficar mais carentes e vulneráveis para o consumo novamente. Vocês vão buscar externamente o que está faltando dentro de cada um. E essas carências precisam ser preeenchidas com aspectos não materiais.

Se os filhos (ou o cônjuge) começam a pedir muitas coisas materiais, é um alerta de que eles devem estar se sentindo carentes e insatisfeitos com algo. É mais fácil e mais rápido comprar mais um brinquedo, mais um tênis ou mais uma roupa. Entretanto, como esse não é o problema real, depois isso volta, aumentado.

Quanto mais vocês se sentirem nutridos e preenchidos pela vida, pelos relacionamentos, menos precisarão consumir. A quantidade de consumo reflete o vazio interior e as necessidades emocionais não atendidas. É claro que muita gente se engana, dizendo: "Comprei porque estava barato, foi um negócio de ocasião". Será mesmo? Na verdade, consumir o que de fato não é preciso, serve para preencher o vazio existencial, para ocupar o tempo, para promover uma distração do tédio, da melancolia, da tristeza, da solidão...

Quanto menos satisfeita e realizada nos contatos afetivos e sexuais estiver, mais carente a pessoa ficará. O contato físico é uma necessidade do ser humano, assim como o alimento, para poder ter uma saúde integral. Todos precisam de abraços, beijos, carinhos, cafunés, massagens... Quantas vezes, na família, vocês passam o dia ou a semana sem se tocar? Sem trocar abraços, beijos e fazer um cafuné no outro? A pele precisa de contato, e, sem esse estímulo, a pessoa se torna mais vulnerável. É preciso alimentar-se de carinho!

Freud, já no século antepassado, falou que "toda sociedade capitalista tem como base as carências afetivo-sexuais". Todavia, Freud não se referiu apenas ao afeto, mas também à sexualidade. Por quê? Porque a sexualidade é uma instância básica na vida do indivíduo. Quando compramos o que, de fato, não precisamos, estamos deslocando nossa carência afetiva ou sexual para uma área que, na realidade, não irá saná-la. Além disso, estamos estimulando o consumo desenfreado, que tem aumentado a cada dia.

As propagandas seduzem para associar uma satisfação emocional a algo material que se adquire. Como, por exemplo, a propaganda de um carro potente que transmite a ideia de força e segurança para quem o comprar. É a ilusão que o consumo inconsciente produz, criando um ciclo vicioso:

O ciclo vicioso do consumo

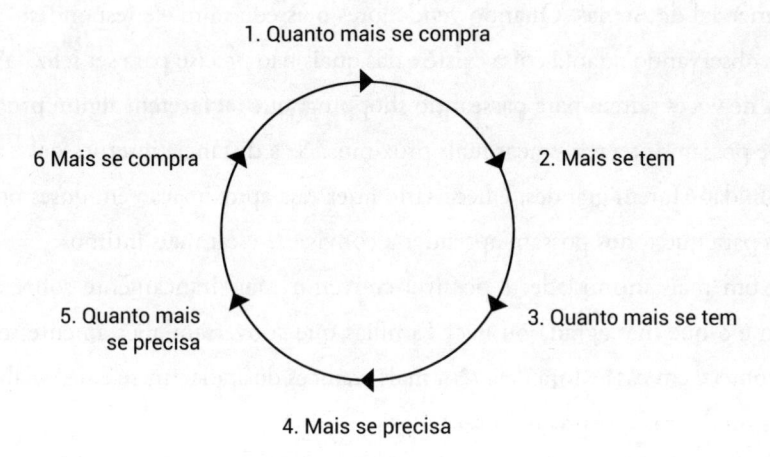

1. Quanto mais se compra
2. Mais se tem
3. Quanto mais se tem
4. Mais se precisa
5. Quanto mais se precisa
6. Mais se compra

O consumo é visto e associado à felicidade, mas temos de ter cuidado para não sermos enganados. Um exemplo aconteceu com Patrick, que atendemos. Ele mudou de emprego e conseguiu um ótimo salário. Resolveu que precisava ter um carro de último modelo, uma casa maior e todos os lançamentos eletrônicos do mercado. Afinal, seu padrão de vida havia mudado. Assim, ele foi equipando a casa com muitos produtos caros. Percebeu, então, que, para pagar todo o conforto que construiu, teria de trabalhar até mais tarde, fazer muitas viagens a serviço, trabalhar nos finais de semana e talvez até ficar sem férias. Em função disso, Patrick não tinha tempo de ficar em casa, curtir a família e desfrutar de tudo o que havia adquirido.

É importante lembrar que somos agentes de transformação no mundo e que podemos ter uma postura mais responsável diante dos gastos. Sem essa consciência, podemos estar colaborando, sem perceber, para a depredação do planeta e para o aumento do preço de bens e serviços. Nesse aspecto, impera a lei da oferta e da procura: tudo que é muito procurado e consumido, fica mais caro. Lembrem-se disso antes de assumir outro compromisso financeiro.

O ciclo virtuoso da riqueza

Sócrates, filósofo grego, também gostava de descansar a cabeça percorrendo o centro comercial de Atenas. Quando vendedores o assediavam, ele respondia: "Estou apenas observando quanta coisa existe e das quais não preciso para ser feliz". Assim, em vez de vocês saírem para passear no shopping, que tal fazerem algum programa em que possam interagir e ficar mais próximos? Se a distância interpessoal e a falta de intimidade forem grandes, é necessário fazer essa aproximação em doses homeopáticas para que todos possam aprender a conviver e estar mais íntimos.

Com mais intimidade, é possível conversar mais francamente sobre o que sentem e o que lhes agrada ou não. Famílias que conversam abertamente sobre o que acontece em casa e fora dela têm mais chances de apoiarem-se e ser colaborativas nas mudanças que precisam ser feitas na rotina.

Podemos, assim, construir um *ciclo virtuoso da riqueza*, evitando as armadilhas para o consumo inconsciente:

Ciclo virtuoso da riqueza

1. Quanto mais a família se encontra e convive
2. Mais fortalece seus vínculos
3. Mais sente-se amparada e nutrida
4. Mais aumenta a intimidade emocional
5. Mais cria intimidade financeira
6. Mais conversa sobre dinheiro

A convivência no dia a dia ajuda a estreitar os laços, aumentando a cumplicidade. Com os vínculos mais fortes, fica mais fácil estabelecer o que realmente é importante para a família.

Aproveitem as comemorações

A família deve unir-se sempre para aprofundar e ampliar seus vínculos e isso é muito importante para colocar em dia o que acontece e lidar melhor com as finanças e com as relações afetivas. As datas comemorativas são ótimas para fortalecer a ligação entre todos e nutrir os laços de afeto. Promovam reuniões, troquem beijos, abraços, curtam-se, aproveitem as festas, que são uma oportunidade de encontros e aproximações, tanto para a família, quanto para os amigos.

Essa é uma oportunidade de perceber que não é necessário gastar muito com quem se ama para mostrar seu afeto. Uma festa de aniversário, por exemplo, pode ser uma agradável reunião de amigos para a qual os convidados levam, no lugar do presente, o que cada um vai consumir ou faz de melhor. Quebrem o paradigma de que o aniversariante tem de dar uma festa de arromba, bancada única e exclusivamente por ele.

Para as comemorações de Natal, vocês podem planejar gastos pequenos e curtir uma grande festa. Preparem uma linda mesa, a tradicional roupa nova e inovem nos presentes. Em vez de comprar coisas para todos os familiares, sugerimos uma feira de trocas: convidem seus familiares e amigos a levar, no lugar dos presentes, tudo aquilo que não foi usado em suas casas, nos últimos doze meses, e que esteja em bom estado. Pode ser o livro não lido ou que não será mais manuseado, um CD ou um DVD que alguém ganhou e de que não gostou, uma roupa guardada há "séculos" que espera para voltar ao uso. Pode ser a ferramenta em duplicata, o sapato que lhes aperta o pé, e por isso mesmo está novo. Certamente há uma centena de outras coisas que não servem mais para vocês, mas que podem ser muito úteis na vida de seus amigos ou parentes.

Imaginem como será divertido adquirir coisas "novas" sem gastar nada. Façam um ritual de aceitação do usado, da troca. Muitas vezes, é ensinado a adultos e crianças que utilizar coisas usadas é perigoso, que dar a outra pessoa um presente novo que você recebeu e de que não gostou é falta de educação. No entanto, sempre pode acontecer de alguém gostar de algo que você não gostou. Decidam o que fazer com isso. Revejam esses conceitos e chamem todos para participar. Aproveitem e destaquem as vantagens: não entrar na roda-viva do consumo do período natalino, não perder um precioso tempo em filas para compras e ainda proteger o planeta. Além disso, a família poderá destinar o 13º salário a outros projetos e trazer muito prazer para todos.

Há também a opção de confeccionar a surpresa em casa. Pode ser um ótimo exercício, tanto para as finanças, para a mente e para a aproximação dos familiares que podem lhes ajudar. É possível fazer biscoitos, geleias de frutas, *cappuccino*, sabonetes artesanais, bonecas de pano, bijuterias e uma porção de coisas que seus talentos são capazes de criar. Aqueles que têm habilidades manuais podem consertar aquele objeto que esteja quebrado do qual algum familiar gosta muito No dia da festa, esse objeto é oferecido como "presente" restaurado e em perfeito funcionamento, em um belo pacote ou caixa, com um cartão elegante e os dizeres: "Restaurado por mim".

Não levem mágoas financeiras para a cama

Cônjuges ressentidos, por se sentirem explorados ou não amparados financeiramente, podem, sem perceber, levar essa decepção para a cama, desenvolvendo uma diminuição no desejo sexual.

Um caso que ilustra isso é o de Edna, que trabalhou desde jovem e construiu uma carreira de sucesso. Ao casar-se com Rodolfo, tinha a expectativa de que ele também atingisse seu patamar financeiro. Infelizmente, ele estagnou profissionalmente e Edna precisou arcar com a maior parte das despesas da casa. Ela se sentia muito cansada, sozinha e sobrecarregada, o que fez com que ela se tornasse cada vez mais forte emocionalmente para "dar conta do rojão". Com o passar do tempo, ela foi ficando mais fria e distante de Rodolfo, deixando de admirá-lo. Para conseguir manter o padrão de vida que haviam construído, começaram a se endividar e, como não conversavam abertamente sobre seus sentimentos, foram criando também muitas dívidas emocionais, nas quais um devia muito ao outro camufladamente.

Dívidas e tensão no orçamento colaboram para enfraquecer a vida íntima do casal. Manter problemas econômicos às escondidas cria um nível de distanciamento entre os parceiros, que podem passar a evitar a intimidade como forma de proteger seu segredo. Ademais, se os cônjuges têm formas muito diferentes de lidar com o dinheiro e que são conflitantes, as brigas e a falta de apoio do outro estragam qualquer clima romântico. Sem admiração mútua, a atração que um tinha pelo outro pode ir "para o espaço". As questões financeiras precisam ser resolvidas, conversadas e limpas para não desgastarem o lado amoroso.

Um dos aspectos do dinheiro, na nossa sociedade, está ligado ao poder. Muitos maridos, quando ganham menos que suas mulheres, sentem sua potência sexual diminuída e, por não saber enfrentar o problema, acabam buscando formas de reafirmar sua masculinidade, como ter, por exemplo, um caso extraconjugal.

Muitas mulheres, por sua vez, quando sustentam o marido, podem perder o interesse neles, pois o veem como fraco. Essas mulheres tem de "endurecer emocionalmente" pra conseguir prover a família, deixando seu lado afetivo e doce em segundo plano. Assim, elas também já não despertam tanta atração em seu parceiro. Infelizmente, a partir de problemas financeiros, os problemas conjugais podem se desenvolver.

Certa vez atendemos uma mulher, que tinha em torno de 40 anos. Apresentou-se sozinha e, quando vimos que era casada, perguntamos pelo marido, ao que ela respondeu: "Não o trouxe porque, se um dia ele souber que eu ganho mais que ele, nunca mais haverá potência sexual em minha casa".

Pratiquem a gratidão familiar

Agradecer à sua linhagem pela transmissão da vida é um exercício de se abrir para coisas boas, para construção de uma vida mais próspera e farta. Uma das formas mais rápidas de atrair nossos desejos é por meio da gratidão e da vontade de fazer o bem aos outros. Reconhecer a ajuda recebida é um passo importante para a prosperidade. Encontrem seus pais, irmãos, tios, avós e exteriorizem seu agradecimento.

Os pais precisam começar esse ciclo, agradecendo pela vida dos filhos. Esse movimento precisa vir do coração. Da boca para fora não soa verdadeiro e não faz efeito nenhum. Esse agradecimento precisa ser feito internamente e também ao próprio filho: "Filho, que bom que você existe na minha vida! É muito bom tê-lo aqui!"

Você se sente agradecido ou ressentido com seu filho? Antes de começar esse ciclo com os filhos, é importante começar entre os pais. Vocês costumam agradecer um ao outro? Vocês tem o hábito de agradecer pela vida, pela saúde, pelos alimentos, pelos empregados, pela estrutura da casa, por existirem um na vida do outro? Se vocês não têm essa vivência entre vocês, fica difícil tê-la com os filhos. E, por conseguinte, fica mais difícil ainda, seus filhos terem-na com vocês, reconhecendo tudo o que já fizeram por eles. Abre-se uma fenda para o ressentimento e para o endividamento emocional.

Primeiro a gente dá, para depois receber. Essa é a lei da vida.

Para receber mais da vida, é preciso ter uma atitude interna de gratidão, reconhecendo tudo o que já foi recebido e adquirido. Assim, abre-se espaço para mais coisas que vocês ainda desejam receber. Um excelente começo é mostrar gratidão por aquilo que vocês já têm. Reconhecer as bênçãos recebidas pode ser um passo gigantesco rumo à plena participação no fluxo da abundância da Vida.

Experimentem escrever as coisas pelas quais vocês se sentem gratos dentro da sua família. Isso envolve todos os seus antepassados, heranças recebidas e valores ensinados. Vocês conseguem reverenciar seus pais, sentindo-se gratos pela vida que lhes transmitiram? Façam então uma lista de todas as coisas boas que lhes vêm à mente. Antes de cada item, escrevam: "Pai, eu me sinto grato a você por..." e também "Mãe, eu me sinto grato a você por...". Se vocês têm filhos e irmãos, incluam-os na sua lista de agradecimentos. Tios e avós também podem fazer parte. Experimentem fazer uma lista com todos os membros principais da sua família e observem como se sentem.

Exercício em família (para o casal)

- O que vocês esperam do outro, como marido e mulher?
- Do que é esperado, o que é realizável e viável?
- Vocês sentem verdadeiramente vontade de atender aos desejos do cônjuge?
- Como vocês se sentem ao frustrar o cônjuge, caso não consigam atender seu desejo?

Capítulo 8

A educação financeira familiar

A importância dos limites

Os limites norteiam nossa vida em sociedade e nos dão uma referência de até aonde podemos ir com segurança. Muitas pessoas associam limites à palavra "não" e à imposição de restrições. Entretanto, um limite é muito mais que isso. Lidar bem com limites significa também lidar com o "sim".

O limite é uma proteção e não necessariamente uma proibição. É saber dizer "não" e dizer "sim" e ainda saber falar: "Pare! Chega! Não quero! Vá embora!". E também: "Vem! Fique aqui comigo! Eu quero! Dê para mim! Ajude-me!". É importante também diferenciar a atitude da pessoa. Por exemplo: "Não vou aceitar isso, mas aceito você. Eu sei diferenciar o que você é do que você faz".

Muitas pessoas não têm um bom registro internalizado de limites e por isso não sabem a hora de parar de gastar, de comer ou outra coisa qualquer. Ou sabem que precisam parar, mas não conseguem. Os registros de limites não estão bem sedimentados dentro dela e, provavelmente, não houve limites claros e consistentes na sua educação. Os limites podem também ter sido vivenciados de maneira excessiva, de forma muito dura, rígida e por vezes até agressiva e humilhante. Ou ainda ter sido colocados de um jeito muito ambivalente: ora podia, ora não podia; dependia do humor dos pais, não havendo uma coerência.

Os limites são internos e externos. Os internos referem-se ao mundo interior da pessoa, às suas dificuldades e necessidades físicas e emocionais. Os limites externos são as normas colocadas em cada ambiente, seja a família, a escola, a igreja, a comunidade em geral, para a convivência social harmônica. Como saber a hora de parar? Isso depende de uma referência interna. Pessoas com fraca introjeção de limites precisam de um limite externo, ou seja, de alguém que lhes diga: "Você pode gastar até 100" ou "Você pode comer duas colheres de arroz".

Isso deve ser feito com crianças e reforçado com adolescentes. Dos adultos, é esperado que já tenham adquirido esse bom-senso interno para saber o que é bom e saudável para si, em todos os aspectos da vida. Para uma pessoa adulta que percebe essa dificuldade, é necessário investir na construção de seus limites internos primeiro. Se isso for feito de forma clara e saudável, a pessoa será capaz de sentir e saber o momento de parar, seja de comer, seja de gastar.

Se não houver um fiscal externo (o pai, o marido, a mulher, o limite do cartão de crédito ou do cheque especial, estabelecido pelo gerente do banco etc.) ou qualquer regra proibitiva, isso não fará diferença para ela, pois ela sabe como se proteger e não precisará "avançar o sinal de perigo". Terá a noção de quanto pode comer ou gastar com segurança, sem comprometer sua saúde física ou financeira.

Como muitas pessoas não receberam regras claras e ensinadas de forma amorosa, é esperado que existam dificuldades nesse terreno. Respeitar os próprios limites e o dos outros é uma capacidade importante a ser recuperada na sociedade atual. Uma maneira bem prática de vocês resgatarem e melhorarem a introjeção de limites é começarem a olhar para o próprio corpo, que é o que vocês têm de mais concreto e palpável.

Os primeiros registros de limites são feitos pelo contato físico recebido no seio familiar. Como a criança foi tocada, acalentada e estimulada física e emocionalmente, fará um importante registro dessas referências para si. O limite corporal é o primeiro a ser percebido. Só posteriormente outros limites, mais elaborados, são assimilados.

Toda criança tem uma sensação interna de satisfação que precisa ser respeitada. Este é um bom limite: fazer, comer, até ficar satisfeito. Num primeiro momento, o limite é algo individual, vem de dentro de cada um de vocês e não é imposto por ninguém de fora, nem pelo mercado ou por qualquer grupo que diga quanto e o que vocês precisam consumir.

Percebam quanto precisam de sono, descanso, alimentos, atividades físicas, diversão para funcionar bem no dia a dia. Isso pode ajudá-los a ter uma referência interna do que é bom para vocês e do que cada um precisa para ter uma boa saúde. E se refletirá no manejo com o dinheiro, pois se vocês não conseguem cuidar da própria saúde, da própria vida, como vão cuidar do dinheiro que recebem?

Trazemos para o convívio familiar, as noções de limites que vivenciamos com nossos pais. Se nossos pais foram demasiadamente severos e exigentes, tendemos a repetir esse padrão com nossos filhos, ainda que de forma disfarçada. Por outro lado, se nos sentimos muito feridos com esse tipo de conduta, tendemos a nos rebelar, mesmo que sutilmente, deixando as normas "correrem mais frouxas".

É muito importante que os pais conversem e cheguem a um ponto comum sobre que tipos de limite estabelecerão e como vão transmiti-los a seus filhos. Quando há desacordo entre os genitores, os filhos podem ficar confusos e até confrontadores, como forma de manifestarem sua insatisfação com a falta de coerência dos pais. Antes de passar a seus filhos o que esperam deles, é necessário definir o que esperam um do outro como casal. Se há filhos de relações anteriores, esses limites precisam ser esclarecidos também. Qual o espaço de cada um na família? Quem tem direito a quê? Quais são os deveres de cada um?

Determinem quanto a família precisa

Muitas pessoas nos perguntam quanto seria ideal para uma família gastar ao longo do mês. Elas querem uma fórmula ou um estabelecimento de padrão para balizar seus gastos.

Na prática, não é possível alguém de fora estabelecer quanto uma família precisa e pode gastar. Isso tem de ser feito pela própria família, obedecendo aos limites de seu orçamento, definindo muito bem para aonde vai cada valor recebido ao longo do mês ou do ano.

Os limites serão estabelecidos pela renda. Não há mágica. De que adianta uma família achar que precisa de 20 mil por mês se só se ganha 10 mil? Acontecerão dívidas na certa! Se alguma família precisa de mais do que ganha, alguma coisa precisa ser mudada. É possível investir em qualificação profissional, ou melhorar um negócio familiar para obter mais renda; é possível procurar emprego melhor, usar seus talentos e dotes intelectuais para gerar mais receita etc. Entretanto, isso não se faz do dia para a noite, mas pode ser considerado.

A saída mais prática e rápida é reduzir o padrão de consumo e enxugar gastos. Se o saldo entre receitas menos despesas, incluindo os investimentos para o futuro, estiver em zero, não há gastos absurdos ou proibidos. Trataremos disso com mais detalhes à frente. O casal precisa estabelecer o quê e quanto os filhos, e também eles, podem consumir. Conversem e estabeleçam limites de gastos, em cada área.

Frequentemente recebemos perguntas da seguinte ordem: qual a porcentagem da minha renda que devo gastar com cada item de minhas despesas? Será que gasto muito com supermercado? Meus gastos com roupas estão acima da média? E a escola das crianças? É válido nossa família investir tanto dinheiro em educação? Qual é o valor ideal para dar um presente?

Embora alguns profissionais definam um percentual para gastar com cada tipo de despesa, nós não o fazemos; consideramos isso algo muito delicado. Primeiro, porque não temos o direito de invadir a vida das famílias, mesmo trabalhando com elas. Segundo, é necessário verificar quais são os valores e os critérios de cada família para estabelecer seu padrão de gastos. Também é necessário considerar que cada família tem necessidades, renda, tamanhos e condições diferentes.

Cada casal deve estabelecer o que quer, onde, quanto e quando gastar e em quais proporções. Isso vai depender do tipo de estrutura de vida que foi escolhido por vocês. Por exemplo, imaginem uma família em que um dos cônjuges trabalhe com imagem e aparência pessoal e necessite demonstrar *status*. Em um caso desses, o gasto com roupas e assessórios pode ser muito mais alto que em uma família em que os cônjuges trabalhem sempre com o mesmo tipo de roupa, como os dentistas, por exemplo.

Analise o caso de uma família em que existam três filhos, todos homens, entre 18 e 14 anos de idade. A conta de supermercado, muito provavelmente, será maior que a de outra família com três moças, na mesma faixa de idade. Em compensação, o gasto da família das moças com roupas e assessórios superará a dos rapazes. Uma família formada por duas pessoas idosas terá necessidades e despesas bastante diferentes de uma família formada por dois jovens com filhos gêmeos recém-nascidos.

Entendam que as finanças das famílias não podem depender de fórmulas predefinidas por alguém de fora. Isso é responsabilidade do casal, que deve obedecer a regra básica das finanças: gastar menos do que ganha e investir a diferença.

As regras da família

As regras sobre dinheiro nem sempre estão claras na família. Quando é que se deve dar dinheiro a um filho? Só na necessidade? Por obediência, respeito, boas notas, amor, como uma forma de cuidado ou por direito?

Aas crianças começam a relacionar dinheiro com prêmio, merecimento e com outras coisas, conforme a relação que os pais estabelecem com a moeda corrente. Muitos filhos pedem limites aos pais ao terem atitudes extremamente antissociais em uma tentativa de se sentirem vistos, cuidados e importantes para eles. Já ouvimos inúmeros casos de adolescentes que gostavam de receber "broncas" dos pais como uma forma de se sentirem especiais e lembrados por eles. Outros fazem coisas erradas para mostrar aos pais que eles existem.

Estabelecer limites claros – o que pode e o que não pode, o que é aceitável e o que não é – além de ser benéfico para o ambiente familiar, é uma forma de proteger e ensinar os filhos.

Não se deve dar tudo o que os filhos pedem e querem, ainda que se tenha condições físicas, emocionais e financeiras para isso. Além de esse comportamento transmitir uma visão distorcida da realidade (pois não podemos ter tudo o que queremos o tempo todo), não ensina o filho a ser capaz de tolerar uma frustração, como muitas que virão em sua vida futura, bem como a lidar com o tempo de espera.

Dizer "não" a um filho é frustrá-lo, mas também é protegê-lo e ensiná-lo a aguardar para obter aquilo que ele almeja. Dizer "não" é, muitas vezes, um ato de amor.

É importante vocês pararem para analisar se têm o costume de gastar com tudo o que têm vontade, se usufruem de tudo o que o dinheiro pode comprar. Se vocês mesmos não têm o limite do que é realmente necessário, desejável e do que pode esperar ou que pode ser deixado para lá, como vão ensinar isso aos filhos? Se vocês não sabem esperar e compram à prestação, como esperam que seus filhos façam diferente?

Há pesquisas que comprovam que a capacidade de espera e a habilidade de suportar frustrações na vida têm a ver com o grau de maturidade emocional do indivíduo. Vários experimentos foram feitos com crianças pequenas, oferecendo-lhes barras de chocolates e doces extras, caso elas pudessem esperar durante algumas horas por eles. Os resultados de todos eles são unânimes ao apontar o que já era esperado. Crianças pequenas preferem a satisfação imediata, ainda que essa seja menor que a futura. Ou seja, é melhor pouco agora, do que muito no futuro.

Por isso, vemos pessoas infantis querendo ser atendidas "agora". Para elas, não dá para esperar juntar o dinheiro para comprar o carro. Querem já! Talvez isso (entre outros fatores) explique o fato de tanta gente esclarecida fazer maus negócios!

É verdade que todos os indivíduos são diferentes na sua essência, na sua educação, na sua percepção de mundo e na sua forma de realizar as coisas. Percebam-se. E vejam o que vocês podem fazer por si e pela família para se ajudarem nessa tarefa.

Se vocês, pais, estiverem dispostos a adiar a satisfação de algum desejo material e a se frustrar um pouco com isso, por gastarem menos, poderão incentivar seus filhos a fazer o mesmo. Assim, haverá mais dinheiro no orçamento para investir e, no futuro, poderão usufruir de boa estabilidade financeira. Para isso é importante vocês traçarem as metas financeiras da família juntos. Juntar dinheiro por juntar fica chato e sem sentido. Pensem para que vocês querem mais dinheiro. Vocês desejam fazer uma viagem legal, reformar a casa... o quê? Assim, quando vocês se depararem com a tentação de gastar dinheiro com algo de que não precisam, lembrar-se das metas estabelecidas pode ajudá-los a se manterem firmes nos propósitos firmados. Respirem e experimentem esperar. Compartilhem entre vocês os sentimentos decorrentes dessa espera. Façam atividades físicas juntos, andem de bicicleta, tomem banho de rio, cachoeira e mar para descarregar um pouco da frustração da espera. Isso ajuda. Trabalhem em família a ideia de que é possível aguardar pela recompensa, seja ela a TV ou o carro novo que vocês pensavam em comprar a prazo. Acreditem que estão poupando de verdade para um futuro abundante.

Para cuidar do orçamento e planejar os sonhos é preciso tempo. Encontrem esse tempo na rotina de vocês. Se os filhos forem pequenos, façam apenas vocês dois. Se os filhos já forem maiores, incluam-os nessa atividade. Além de dar uma visão de realidade a eles, isso aumentará o vínculo e a cumplicidade de vocês. Experimentem treinar cuidar das finanças ao invés de controlar.

O que a palavra controlar fomenta? Uma chatice, porque ninguém gosta de ser controlado. Na verdade, isso pode ser uma armadilha. Quando queremos nos controlar sobre qualquer aspecto, acionamos um lado inconsciente, rebelde, desafiador, que nos sabota. Quanto mais queremos controlar algo, mais isso pode nos escapar, como um sabonete que, ao ser apertado, escorrega. Na natureza, tudo o que é represado, um dia, explode.

O controle é um falso equilíbrio, pois exige rigidez e vigilância constante. É ilusório, porque sob forte pressão ou estresse, ele se rompe em muitos pedaços, como um vaso rígido que leva uma pancada e estilhaça-se. Em uma situação dessas, uma pessoa excessivamente controlada perde o controle e sente-se incapaz e fragilizada. Fica inábil para resolver imprevistos e questões que "fogem" ao seu planejamento.

Uma pessoa controlada é como uma gaveta arrumada superficialmente. Tirando a primeira camada de roupa, constata-se a bagunça que está embaixo! É como também uma árvore de tronco rígido, que se cinde em uma tempestade.

Isso se aplica também aos filhos. Quando queremos controlá-los, nós os estimulamos a burlar as regras e nos enganar. Pode até surtir algum efeito imediato, mas não funciona no longo prazo. Assim também com as finanças. Quem procura controlar demais, uma hora perde o controle ou fica engessado, com medo de arriscar e acaba ganhando muito menos do que poderia.

Por isso, estimulamos vocês a, ao invés de controlar, cuidar das finanças. Para chegar a esse ponto, em primeiro lugar, é necessário cuidarem de si mesmos. Cuidar implica respeito, amor, paciência, dedicação, tempo. Isso é um aprendizado para todos os dias. Se vocês não cuidam de si, da saúde, como esperam cuidar do dinheiro que conseguem?

No lugar da rigidez e do controle do orçamento, coloquem flexibilidade e cuidado. Ser flexível será a habilidade do futuro. Quem for capaz de acompanhar e de adaptar-se às mudanças terá mais chances de prosperar.

Se os filhos já são mais crescidos (acima de 8 anos, aproximadamente) os limites também podem ser negociados. Escutem cada filho. Respeitem-os. Orientem-os. Se precisarem dar um limite restritivo, expliquem-lhes o motivo. Com certeza, isso os ajudará a internalizá-lo, aceitá-lo e segui-lo. Proibir de forma autoritária não funciona. Gera medo e cria um sentimento de vingança e de rebeldia que, se não estourar na hora, poderá estourar lá na frente, às vezes em questões financeiras.

Até que ponto deve-se atender aos desejos dos filhos

Todo ser humano tem necessidades básicas para sobreviver, desde alimentar-se até receber afeto e reconhecimento. Quando essas e outras não são atendidas, o indivíduo cresce carente e desejoso de buscar alguma compensação para essa falta. Muitos se enveredam pelo caminho de algum vício (álcool, cigarro, drogas, comida em demasia etc.) como forma de aplacar essas carências emocionais. Outros deságuam essa necessidade em consumo excessivo.

Infelizmente, muitas vezes é mais fácil comprar um jogo novo do que levar o filho para tomar sorvete e papear com ele. Desse modo, hoje em dia, cresce cada vez mais o número de brincadeiras isoladas, em que cada um faz seu jogo sozinho como uma coleção de tecnologia a serviço de afastar as pessoas. Quantas TVs e quantos *videogames* vocês têm em casa? Permitam-se lembrar se vocês passeavam e brincavam com seus pais. Se não, é compreensível que vocês sintam dificuldade em fazê-lo com seus filhos. Contudo, vocês podem mudar esse padrão, se desejarem. Uma convivência mais harmoniosa e afetiva torna as crianças mais felizes e capazes de colaborar até mesmo com cortes no orçamento, se necessário.

Treinem ouvir os desejos dos filhos, procurando acessar o que está envolvido naquele pedido. Não é necessário ser psicólogo para isso. Basta escutá-los com ouvidos amorosos e atentos. Pensem, escutem, silenciem e questionem-os sobre o porquê querem ou precisam de determinada coisa. Em que a vida deles mudaria com aquilo, em que seria útil etc. Enfim, ensinem-os a pensar também e questionar os próprios desejos. Esse é um bom treino para, no futuro, eles não se tornarem reféns do sistema consumista e da mídia.

Quando um filho nos pede algo, precisamos parar para refletir se o que ele solicita é algo verdadeiro ou está mascarando outra necessidade. Filhos eternamente insatisfeitos, que querem sempre mais e não aceitam limites estão comunicando que estão carentes de algo, que cabe aos pais descobrir.

Há quanto tempo vocês não vão ao cinema com os filhos apenas para ficar perto e dar risada? Qual foi a última vez em que foram ao teatro ou ao parquinho juntos e se integraram? Vocês conseguem sentar no chão com eles e realmente entrar na brincadeira? Muitos pais nos dizem que não sabem brincar com os filhos, mas isso pode ser aprendido. Vocês podem resgatar, junto com seus filhos, aspectos que não vivenciaram na própria infância.

É preciso definir o que os filhos realmente querem. Os filhos querem e precisam de contato, carinho, companheirismo (presença física e emocional dos pais). Vocês têm tido tempo para os filhos? E um para outro? Seu ritmo de vida é estressante, saudável, divertido, pesado ou equilibrado?

Vocês se sentem em débito com os filhos, por não darem tanta atenção e paciência quanto eles precisam? Se sim, vocês podem cair em uma armadilha de darem muitas coisas materiais, muito além do necessário e do razoável. Hoje em dia, fala-se muito em tempo de qualidade em vez de quantidade. Isso pode ser um engano. Os filhos precisam de boa qualidade e quantidade de tempo com pais e familiares para crescerem saudáveis.

Um parâmetro interessante pode ser, primeiramente, ajudá-los a discriminar o desejo da necessidade. Questionem: o que você me pede é realmente necessário? Por quê? Trocar a mochila da escola todo ano é necessário? Se ela estiver em boas condições de uso, pode ser usada de novo. Aproveitem para explicar que o dinheiro que seria gasto em uma nova mochila desnecessariamente, pode ser usado para a poupança das férias, para um passeio legal no fim de semana etc. Outro aspecto importante a ser considerado é verificar se na escola em que eles estudam todas as crianças trocam de mochila todo ano. A escola trabalha isso com as crianças? Essa é uma oportunidade rica de ensinar o consumo consciente e dar lições de educação financeira. Se na escola há um desfile de moda e vocês escolheram essa escola, reflitam um pouco se isso tem a ver com os valores que vocês querem passar aos filhos e sejam coerentes.

A mochila precisa ser de grife? Ensinem-os a avaliar a qualidade de uma marca desconhecida. Às vezes, a economia feita na escolha de uma marca desconhecida pode gerar uma boa diferença a ser investida em algo interessante. Se usar determinada marca é um valor para seu filho, parem primeiro para questionar se vocês têm preferência por marcas também. Com certeza, ele vai aprender com o modelo que vem em vocês.

Se vocês concordam que é necessário, ensinem-os a ter bom-senso na hora da compra ou da escolha de um produto. Comparem marcas variadas. A ida ao supermercado ou ao shopping pode ser muito instrutiva. Questionem-os: por que você quer isso? Questionem-se também: por que os querem? Porque todo mundo tem

... eu quero essa mochila porque ela é bonita, vistosa, durável... ensinem os filhos a pensar, a raciocinar, a questionar as propagandas, a moda... com certeza eles serão cidadãos mais conscientes e responsáveis pelo bem comum.

Se for imprescindível fazer a compra do produto desejado, vejam se é possível esperar a baixa estação e as promoções. Planejem a compra e pesquisem alguns itens usados, em boas condições. Brechós, *sites*... Agindo com ética, tudo vale para defender o dinheiro de vocês. Isso pode também ser divertido!

Mudar o padrão de comportamento nem sempre é fácil, mas é possível. Deixar de ir ao shopping no fim de semana, como diversão, e buscar entretenimento ao ar livre, na casa de amigos ou familiares ajuda a construir outra referência de diversão, com pouco ou nenhum gasto envolvido. Para ter a colaboração de toda a família nesse processo, é necessário que se tenha um franco diálogo, que exponha os motivos dessa mudança de hábito e ofereça boas alternativas. E ainda acolher o mau humor ou a frustração dos filhos, aceitando que isso faz parte de um processo, em etapas, no qual cada um tem seu tempo de absorção e de elaboração das mudanças.

Estimulem as experiências simples, mas prazerosas, como ler para os pequenos, fazer biscoitos juntos num dia de chuva, costurar ou pintar. Experimentem inserir mais contato e divertimento com os filhos e observem como o desejo de comprar diminui.

Exercício em família

- Na infância de vocês, como eram os limites sobre comida, passeios, brincadeiras, higiene, amigos, estudo etc.?
- Existia uma rotina na casa, com horários e atividades preestabelecidas?
- Como seus pais lidavam com limites? Qual modelo lhes passaram?
- O que falavam para vocês (ou não falavam) sobre a vida? Ensinavam-lhes de forma não verbal?
- Compartilhem com os filhos, abordando como receberam limites dos seus pais e da vida.
- Como cada um da família lida com frustrações?
- Cada membro da família consegue adiar a satisfação de algum desejo? Como podem se ajudar nesse sentido?
- Vocês, como casal, sabem falar "não" um para o outro? E para os filhos?
- Verbalizam o "sim" entre si e com os filhos com facilidade?
- Estão dispostos a correr riscos financeiros? Se sim, quais? Se não, por quê?

Capítulo 9
Finanças para os filhos

A falta de conhecimento e de cultura financeira é confundida com falta de recursos financeiros. Na prática, não falta dinheiro e sim educação financeira, ausente, na maioria das famílias, em todas as faixas de renda e em todos os níveis de escolaridade. Ao pensarem em seus projetos financeiros, comecem pela educação financeira de toda a família.

Iniciem-a entre vocês. Estimulem um ao outro a conversar sobre as finanças da casa, os projetos e os sonhos futuros. Busquem conhecimento financeiro. Para isso existem livros, *sites*, palestras, cursos e feiras sobre o tema. Se vocês já têm filhos adolescentes ou adultos, façam o mesmo com eles. Caso seus filhos sejam pequenos, comecem a educá-los já, pois quanto mais cedo, mais fácil.

Se vocês querem ter filhos independentes e equilibrados financeiramente, sejam independentes e equilibrados financeiramente. O exemplo é a primeira e mais importante lição financeira que vocês podem lhes dar. Lembrem-se: "As palavras convencem, os exemplos arrastam".

A noção de valor

Quem tem filhos, com certeza, já deu boas gargalhadas ao vê-los calçando um sapato seu ou do seu cônjuge, imitando uma fala ou uma atitude de vocês. Eles crescem mais um pouco e logo seguem nossos modos de alimentação, higiene e seus comportamentos mais sutis. Quando adultos, vocês os veem copiando seus modelos de relacionamento com o dinheiro e com o mundo.

Não é necessário ter *expertise* em mercado financeiro ou em educação infantil para cumprir essa tarefa. Basta vocês darem a seus filhos o exemplo de sensatez e equilíbrio financeiro. Isso envolve desde seu cuidado financeiro diário e seus comentários sobre dinheiro, renda e pessoas ricas, que influenciarão o sistema de crenças deles, até as atitudes que vocês tomam tanto ao investir quanto ao planejar e realizar a compra de um bem ou serviço.

Quando e como começar? Hoje, independentemente da idade da garotada, as atividades diárias, se bem aproveitadas, podem ser transformadas em exercícios de saciedade, paciência, coragem, criatividade, tolerância e flexibilidade, qualidades fundamentais para formar um adulto de bem com o dinheiro e com a vida.

Ajudem seus filhos a ver o valor das coisas de seu pequenino mundo. Comecem por valorizar seus brinquedos e suas brincadeiras, afinal brincar é assunto sério. É nessa hora que eles desenvolvem seus valores e critérios pessoais. É brincando que a criança aprende a ser, antes de ter, e aprimora as noções de organização, cidadania, de respeito ao outro, bem como sua noção de limites e sua zona de conforto, recursos que serão úteis em sua vida adulta e, em especial, na arte de lidar com o dinheiro.

Observamos que, em sua maioria, as pessoas com problemas financeiros não têm duas virtudes fundamentais: o limite de saciedade e a paciência. O insaciável não para de gastar e o impaciente paga juros descabidos. Essas qualidades podem ser desenvolvidas desde cedo, já na infância.

Comecem por observar e a aceitar, em seus filhos, os sinais de limites, não só para brincadeiras e outras atividades, como também, e principalmente, para o alimento. O primeiro contato da criança com o mundo dá-se por meio da alimentação e com ela é possível começar as primeiras lições de educação financeira de seus filhos. Nessa hora, pais e mães têm papel fundamental. Jamais os obriguem ou os forcem a comer a quantidade que vocês julgam suficiente ou tudo que se coloca no prato, fato comum nas famílias de ontem e de hoje.

"Só vai brincar ou ver TV depois de comer tudo." Já ouviram essa frase? Pois bem, estimulem-os a se alimentar até sentirem-se satisfeitos, desde o peito materno, desenvolvendo neles a própria noção de saciedade. Isso é importante para que se tornem adultos conscientes daquilo que é suficiente para se sentirem felizes e realizados, não só em relação à comida, e por consequência ao próprio peso, como também em relação a gastos, compras, bebidas e outros aspectos da vida, que influenciarão diretamente no seu equilíbrio financeiro.

No futuro, a criança que tinha de "comer tudo para ficar forte e ser feliz" (e agradar aos pais) pode tornar-se o adulto que precisa "ter tudo para ser feliz" (e agradar à sociedade).

Para desenvolver a virtude da paciência, comece por não satisfazer todas as suas vontades a tempo e a hora, ensinando-os a esperar. E o melhor a fazer é dar exemplos de pais pacientes. Aproveitem os acontecimentos do dia a dia para isso, demonstrem paciência com seus filhos, com seu cônjuge, seus pais, com outras pessoas: no trânsito, nas filas etc. E paciência financeira, fazendo investimentos regulares para compras, à vista, de bens e serviços. Não precisam explicar muita coisa a eles, que poderão ser ainda muito pequenos, simplesmente deem o exemplo.

Quando seus filhos já estiverem mais crescidinhos, levem-os, de vez em quando, para fazer uma compra ou outra, preferencialmente se forem adquirir coisas para eles próprios. Crianças ainda não estão ligadas nas compras de alimentos ou de materiais para casa, mas com certeza já estão ligadíssimas nas coisinhas de seu mundo. Logo, aproveitem a situação para começar a desenvolver nelas a capacidade de percepção e de comparação. Comecem com coisas simples, como comparação de tamanhos, depois de cores e, mais tarde, de pesos e preços.

À medida que seus filhos crescerem e se desenvolverem, comecem a introduzir outros parâmetros, como, por exemplo, marcas e modelos. Depois de entender isso, eles poderão perceber as noções do que é caro ou barato. Lição aprendida, ensinem-os a ver a quantidade de matéria-prima e a tecnologia necessária à confecção do produto, a dificuldade de obtenção ou de produção, a sazonalidade, seu impacto no meio ambiente e, por fim, quanto tempo vocês necessitam trabalhar e esperar para comprar aquilo.

Vocês também podem ensinar seus filhos a aprender a esperar por um passeio, um presente, uma visita que vai chegar, um doce. Mesmo que alguma dessas coisas já esteja disponível, o treino da espera pode fazer com que a expectativa criada ajude na construção de uma bela imagem do que poderá acontecer, treinando seu filho também a sonhar e fantasiar.

Criem cidadãos do futuro

No futuro, viverá melhor aquele que melhor souber resolver problemas. Desenvolvam em seus filhos essa capacidade, estimulando a criatividade e a flexibilidade de pensamentos. Afinal, quanto maior for a capacidade de resolver problemas, maior será seu desembaraço com o trabalho, com o dinheiro e com os problemas que a vida lhes apresentar.

Novamente, utilizem os acontecimentos diários para esse fim. Imaginem que um brinquedo de seu filho tenha caído embaixo de um móvel, longe de seu alcance. Ele quer apanhá-lo e pede a vocês. Se vocês agirem por ele, nada ou pouco vão lhes ensinar, mas se o estimularem a pensar em uma solução para o problema, vocês estarão fazendo algo em prol da sua criatividade e flexibilidade. Perguntem a ele: o que pode ser feito para alcançar o brinquedo? Estimulem-o a buscar soluções, que podem ser: o chinelo do pai, um cabide, outro brinquedo e uma série de outras coisas que existem em casa. Leves e inofensivas, claro, que podem servir como ferramenta para alcançar o brinquedo perdido.

Auxiliem-o a tomar decisões, mas só as próprias da idade. Podem ser coisas simples, como decidir o que vestir, o que comer e a revistinha que quer ler. Coisas assim podem motivar a criança a aprender a tomar decisões. À medida que ela crescer, procurem dar-lhe mais liberdade para as tomadas de decisões mais importantes. Cuidem também de desenvolver nela também, o senso crítico, para que consiga perceber o impacto de suas decisões na própria vida e na dos outros.

Cultivem em cada filho o respeito às leis e às normas. Isso terá saudáveis resultados, desde a facilidade na convivência com vizinhos e colegas, o respeito aos professores e às autoridades, até a boa lida, quando adulto, com as normas de trânsito e as regras financeiras. Afinal, para gerir bem o dinheiro existem leis e normas a cumprir. Algumas não são necessariamente escritas, mas são de conhecimento geral, como, por exemplo, a necessidade de comparar preços e qualidade antes de comprar, ler os contratos antes de assiná-los etc. Outras são escritas e, às vezes, desconhecidas da maioria da população, como, por exemplo, a quantidade de impostos e taxas que pagamos sobre produtos e serviços que consumimos e o imposto de renda sobre os ganhos de capital.

Assim, sabendo que a obediência às leis e às normas começa na infância, deem a seus filhos limites comportamentais e financeiros. Quanto mais acostumados a respeitar regras importantes, provavelmente, mais facilidade terão para lidar com dinheiro no futuro. Isso não significa negar tudo aos filhos, dizer "não" a tudo. Os limites deverão ser coerentes com sua capacidade financeira ou com os objetivos que vocês queiram atingir, que podem, até mesmo, ser educar as crianças financeiramente. Contudo, surpreendam-os de vez em quando permitindo a compra de uma revistinha ou de um presente inesperado – afinal, dinheiro também é feito para gastar!

Ensinem seus filhos a entender os limites para não o seguirem cegamente. Aprender a questionar faz parte do processo de raciocinar. Obedecer a tudo é diferente de obedecer ao que é preciso. O bom-senso ajuda a estabelecer a diferença.

Invistam em passeios culturais. Podem ser na sua cidade ou região. Com certeza há muita coisa para ver. Pesquisem com os amigos, na internet ou em um guia rodoviário. Aproveitem esses passeios para mostrar o valor e o respeito aos bens públicos e privados, o respeito à natureza, desde o cuidado com animais e plantas, até o descarte adequado do lixo que se produz em um passeio. Incentivem-os a cultivar a importância e o valor dos alimentos, desde a obtenção da matéria-prima, passando pelo processo de produção e distribuição, bem como seu uso racional e equilibrado. Uma verdadeira aula de macroeconomia!

Lembrem-se, existem várias maneiras de ensinar e de aprender, e educar bem dá trabalho. Contudo, o processo não precisa ser duro, penoso, pesado, muito pelo contrário. O trabalho pode ser lúdico, leve, divertido e prático. As oportunidades do dia a dia podem servir muito bem para isso. Se vocês estiverem atentos, uma nuvem, um boi no pasto ou um caminhão de entrega podem ser motivos de boas lições aos pequenos e aos nem tão pequenos assim.

E aproveitando o assunto, tenham cuidado ao dizer a seus filhos que vocês estão investindo em sua educação. Todo investimento pressupõe retorno, desse modo seu filho pode, inconscientemente, assumir uma carga muito alta para si: dar retorno aos pais pelo investimento feito. Às vezes essa carga torna-se tão pesada que o filho desiste de suportá-la. Como? Abandonando o bom emprego, só aceitando empregos de salários baixos ou pouco motivadores e deixando passar as oportunidades de sucesso profissional. Entendam que o maior retorno que os filhos podem lhes dar é tornarem-se independentes emocional e financeiramente e construir a própria felicidade. Assim, todos crescem, pais e filhos.

Como dar mesada ou semanada

Aproveitem a mesada para dar grandes lições. A mais importante é que mesada não é obrigação e sim educação. Ela deve ser dada quando os pais puderem e não deve ser comparada à de outras crianças, mesmo com idades idênticas. Cada família tem condições, tamanhos e possibilidades diferentes.

Apenas dar o dinheiro da mesada, sem ensinar as crianças a administrá-lo (gastar, doar, poupar) não faz sentido. Pelo contrário, isso pode deseducá-las, pois, sem saber o que fazer com o dinheiro, elas podem gastar demais ou de menos. Mesmo que vocês possam pagar todas as despesas de seus filhos, com folga, e ainda dar uma mesada a eles, é importante "repassar" alguns desses gastos para as crianças, como o sorvete ou o cinema. Senão vocês não as estarão educando e sim ensinando a gastar sem limites. Quem vai pagar essa conta depois?

A mesada ou a semanada também não deve ser usada como recompensa por boas notas, bom comportamento ou pela realização de alguma tarefa doméstica. Estudar, comportar-se de acordo com as normas estabelecidas e ajudar em casa são obrigações que todos devem cumprir para o bom funcionamento do lar. Além disso, a divisão equilibrada de trabalho colabora para o bem comum da família e ensina coisas valiosas para a vida.

A quantia a ser dada deve ser estipulada por vocês, segundo seus critérios, valores e possibilidades econômicas. Tomem precaução para não dar aos filhos quantidades maiores do que suas necessidades, mesmo que isso esteja dentro do alcance de vocês. Assim evitarão que as crianças aprendam a viver com um padrão de vida, talvez, superior às reais possibilidades futuras delas.

É fundamental que vocês avaliem as necessidades de cada criança, de acordo com o modo de vida delas. Para tanto, é importante definir o valor do picolé, da figurinha, da revista em quadrinhos, do lanchinho da escola, e dar a elas a quantia suficiente para que possam tomar suas decisões de compra em seu mundo e de acordo com sua realidade, aprendendo assim a administrar seu dinheiro.

Vocês podem dar também um percentual a mais por idade, para as crianças poderem fazer o que quiserem, mas tenham cautela para não despertar algum sentimento de competição e de injustiça, em caso de comparação com irmãos mais velhos, pois o sorvete ou o chocolate terão o mesmo preço para os de 6 e os de 8 anos.

Após os 15 anos, incluam nos cálculos anteriores os valores necessários, e viáveis, para pagar a escola e outras necessidades que seus filhos tenham, como, por exemplo, o transporte, o lanche, o curso de línguas e o lazer. Deem a eles todo o dinheiro necessário de uma única vez. É a hora de aprender a cuidar de seus pequenos (ou grandes) orçamentos, fazer pagamentos e arquivar recibos e notas fiscais. Enfatizem as necessidades e as responsabilidades advindas desta última tarefa, principalmente em relação à confecção da declaração do imposto de renda da família no ano seguinte.

Inicialmente, orientem-os detalhadamente sobre como fazer essas tarefas, que podem seguir os mesmos moldes que vocês utilizam. Acompanhem suas ações e, à medida que eles forem aprendendo, diminuam as orientações e afastem-se lentamente. De tempos em tempos, peçam para ver como estão indo e façam as reorientações necessárias. Lembrem-se também de elogiá-los sempre que eles fizerem avanços. Depois deixem-os criar, experimentar, gerir, produzir mais dinheiro e até falir, se for o caso. É melhor falir aos 16 do que aos 40 anos.

Se a mesada acabar, cuidado se decidirem adiantar parte da seguinte. Se isso acontecer, reorientem-os, mas procurem não socorrê-los financeiramente. Evitem que tios ou avós o façam. Permitam que sofram na pele as consequências de seu comportamento diante do dinheiro. Se eles forem socorridos, poderão aprender que não é problema gastar além da conta, afinal o auxílio está por perto. Isso os ensinará, na vida adulta, a recorrer aos bancos ou a continuar contando com sua ajuda, dos tios ou dos avós, criando um processo de dependência.

Quanto à frequência dos pagamentos, recomendamos que até a idade de 10 anos o filho receba semanada, ou seja, determinada quantia por semana, por causa da dificuldade que os pequenos têm de lidar com o tempo até essa idade.

Entre 10 e 15 anos, a frequência pode ser quinzenal (quinzenada). Nessa fase, eles já têm noção de tempo, mas são muito imediatistas. A quinzenada vai ajudá-los a aprender a lidar com a ansiedade e prepará-los, gradualmente, para o recebimento mensal, a mesada, que deverá ser dada após os 15 anos.

Sobre a forma de pagar-lhes, recomendamos que até os 12 anos o pagamento previsto seja feito em valores fixos e em dias predefinidos. A partir dessa idade, sugerimos que a cada ano vocês alternem a forma de pagamento, entre a que acabamos de descrever e uma outra com valores variáveis, mas médios, e em dias variáveis, voltando à primeira condição um ano depois.

Boa parte dos profissionais liberais, dos autônomos, dos pequenos e dos médios empresários apresenta dificuldades de administrar seu dinheiro, pois recebe, normalmente, valores variáveis e em dias incertos. Esse embaraço pode ter origem, entre outros fatores, na forma de recebê-lo aprendida na infância – apenas quantias exatas em dias certos. Como consequência disso, há muitos jovens com inegável potencial para serem donos do próprio negócio, para serem artistas e profissionais liberais, que, no entanto, estão à procura de um emprego, preferencialmente estável, para ter a segurança de uma renda mensal, mesmo que pequena, pois foi assim que eles aprenderam a receber dinheiro.

Para quem deseja ministrar uma educação mais complexa, sugerimos que observem antes o perfil de seus filhos. Essa alteração pode ser estimulante ou desorganizadora para eles? Observem os resultados. Conversem com seus filhos. Avaliem e decidam se continuam com esse modelo ou se voltam para o anterior.

Tomando como exemplo um filho que receba R$ 30,00 por quinzena, recomendamos que a quantia seja paga do seguinte modo:

- Quinzena 1: R$ 33,00 no domingo
- Quinzena 2: R$ 27,00 na terça

E assim por diante, variando os dias de pagamento e os valores recebidos constantemente. Um ano depois, volte para os valores fixos em dias definidos. Passados doze meses, voltem à forma anterior. Observem como seus filhos se comportam, conversem com eles e peçam que descrevam como se sentem em relação aos dois tipos de recebimento. Façam-os perceber suas dificuldades e facilidades em face de cada modo e as vantagens e as desvantagens de cada um. A razão para essa conduta é simples: mostrar a eles que existem maneiras variadas de receber renda e prepará-los para saber lidar com elas. Na pior das hipóteses, eles saberão em quais dessas situações melhor se adaptam, podendo fazer diferentes escolhas na hora de decidirem-se por uma profissão.

Assim, ao ensinar as crianças a receberem seus "vencimentos" de diferentes modos, quando adultas, independentemente da forma como receberão seus vencimentos – seja, um salário fixo ou variável –, elas poderão, facilmente, adaptar-se ao modelo escolhido. Quando adultas, perceberão que foram respeitadas em suas necessidades e estimuladas a crescer.

A participação dos filhos no orçamento

A maioria das pessoas entende a necessidade de ter um orçamento e de falar sobre ele. Entretanto, poucas o fazem. Isso ocorre por diversos aspectos emocionais que bloqueiam o assunto, como também, pelo fato de os temas finanças pessoais e dinheiro serem pouco tratados ainda na família, na escola e na sociedade.

Podemos perceber a dificuldade das pessoas de falar de orçamentos. Raramente se veem indivíduos conversando sobre rendas, gastos, dívidas e investimentos. Por isso, é importante discutir as prioridades econômicas na família, desde cedo, para que o assunto comece a ser tratado e entendido. Além disso, ter um orçamento participativo é bom para todos, pois a família se une em torno de objetivos comuns.

A decisão final de como o dinheiro será distribuído e utilizado deve ser sempre dos pais. Se isso for delegado aos filhos, constrói-se uma inversão na hierarquia da família, o que acarreta outros problemas. Recomendamos que a participação dos filhos no orçamento se inicie a partir dos 8 anos, com paciência, carinho e obedecendo ao nível de entendimento e maturidade de cada criança. Várias atividades podem ser usadas para isso. A entrega da mesada ou semanada, a lista de compras, a saída para almoçar fora em um domingo etc.

A criança pode ser convidada, na hora de fazer a lista de compras da casa, a verificar o que falta em seu pequenino mundo. Ela pode verificar quantos sabonetes tem em seu banheiro e se necessita ou não comprar mais, em que nível está o frasco de xampu e se ele pode durar mais uma semana, que frutas ela gostaria de comer nos próximos dias, ou quais faltam na fruteira etc. Pode ser que algum desejo seu não seja realizado, mas a sua opinião será qualificada e ela começará a se familiarizar com alguns termos e procedimentos.

Mais tarde, com mais idade, ela já pode se sentar e discutir com os pais os valores das coisas, que contas precisam ser pagas e quanto custou a última ida ao mercado. Assim ela poderá começar a tomar ciência das ações de enxugamento de gastos para poder fazer uma viagem, por exemplo.

Abram sua vida financeira para a família, mostrem quanto vocês ganham e gastam. Se a família gasta muito, estabeleçam limites, conversem a respeito e mostrem o que precisa e pode ser feito. Discutam o orçamento do lar, os sonhos, os planos, os valores, os objetivos de curto, médio e longo prazos.

Conversem e instruam-se permanentemente sobre finanças, dinheiro e pessoas ricas. Aproveitem as notícias da televisão e do rádio para questionarem-se e a seus filhos. Não entendendo algo, procurem saber, anotem a questão e premiem quem primeiro trouxer a resposta, um chocolate pode ser suficiente. A internet está cheia de boa informação.

Participem de cursos, palestras, seminários e feiras. Contratem um profissional qualificado e, se a dificuldade em tratar do assunto persistir, procurem um terapeuta. Reavaliem o trabalho sempre. Se necessário, falem firme, corrijam, reinstruam, conversem novamente. Premiem, comemorem. Façam isso com muito amor, de modo lúdico e divertido. Isso pode ajudar muito nas relações afetivas. Estas, quando equilibradas, somam e levam a família a enriquecer junto.

Troquem ideias na escola, compareçam às reuniões de pais e mestres e exijam dos diretores da escola e, também, dos governantes em âmbito federal, estadual e municipal a introdução da matéria educação financeira no currículo escolar. A educação financeira de sua família é assunto sério. Não a deleguem a ninguém, especialmente à mídia, à cantina da escola ou às telenovelas infantojuvenis. O sucesso ou o fracasso financeiro de sua família é responsabilidade exclusiva dos pais.

Como filhos podem obter renda

Muitas crianças querem obter renda e muitos pais ficam preocupados com isso, achando que é cedo demais ou pensando que o filho está aficionado por dinheiro. Normalmente, não é nada disso. É uma curiosidade e um experimento que qualquer criança faz um dia. Cabe aos pais, ao perceberem esse movimento, supervisioná-los e incentivá-los. Pode ser um ótimo exercício para o futuro.

Os meninos, por volta de seus 8 anos, já começam a trocar e vender suas figurinhas repetidas. As meninas começam a fazer suas bijuterias e vendê-las na escola. Os pais podem aproveitar a ocasião para ensinar contas, mostrar o que é um preço justo, dar noção de lucro, troco etc. Claro que isso pode variar em função da maturidade da criança.

Os filhos podem seguir muitos caminhos para obter renda. De modo informal podem, sempre fora de sua casa – porque fazer isso, em casa, é tarefa doméstica da qual todos devem participar – lavar o carro do vizinho, dar banho em um animal de estimação de algum colega, fazer um prato e vendê-lo na vizinhança, ajudar em uma festa, panfletar, dar aulas de reforço em matérias de destaque para outras crianças mais jovens etc.

Isso não é trabalho infantil. Na verdade, pode ser uma brincadeira divertida para aprender aspectos importantes sobre o mundo das finanças. Outras ideias podem surgir. Se algumas parecerem mirabolantes, desde que não sejam ilegais, os pais devem procurar incentivá-las. No mundo das crianças, não há nada absurdo, mesmo porque, uma ideia que pode parecer descabida hoje pode ser uma maravilhosa fonte de renda no futuro.

À medida que eles forem crescendo, seus interesses mudarão e o fazer dinheiro pode passar da informalidade para uma situação legal. Em qualquer situação, o importante é que o tempo utilizado para a obtenção da renda não tire os filhos da escola. Dinheiro, sem o devido conhecimento e cultura para administrá-lo, de nada adianta, resultando, normalmente, em problemas e frustrações. Ademais, dificilmente um profissional mal preparado terá sucesso financeiro, pois se formará mais ou menos, com isso terá uma renda mais ou menos e, por consequência, viverá mais ou menos.

Se os filhos já conseguem uma renda, os pais devem aproveitar a oportunidade para orientá-los. A educação financeira, aqui, pode subir um degrau e se tornar avançada. Se eles já sabem em que gastar e quanto juntar, se adolescentes, podem começar a aprender em que investir. Cabe aos pais ensiná-los. Se não o sabem, não têm como fazê-lo, logo, precisam aprender. Será um ótimo motivo para sair da zona de conforto, e todos podem se beneficiar.

Os quatro usos do dinheiro

Entendam e mostrem à sua família que o dinheiro tem quatro usos: gastar hoje, gastar amanhã, não gastar e doar. É fundamental o entendimento dessas funções para manter a saúde financeira do lar.

- **Gastar hoje:** está relacionado com nossas necessidades mensais ou do dia a dia, ou seja, aquelas relacionadas à manutenção das atividades da família e de cada um de seus membros, como a conta de energia elétrica, água, telefone, alimentos, transporte etc. Aproveitem para mostrar que alguns têm necessidades diferentes de outros, por exemplo, um filho adolescente tem gastos diferentes de um garoto de 8 anos.
- **Gastar amanhã:** está relacionado com o futuro, que, para uma criança, pode representar a compra de um álbum de figurinhas daqui a um mês; para um pré-adolescente, uma bicicleta daqui a seis meses; para um adolescente a viagem de férias no final do ano; e para vocês a troca do carro daqui a cinco anos. É importante entender que a noção de tempo é diferente para cada idade e, se forem usar a noção de tempo de vocês para ensinar a gastar amanhã a uma criança de 10 anos, a frustração de vocês e a dela poderão ser grandes.
- **Não gastar:** representa o dinheiro do qual vocês vão tirar apenas os juros, para pagar uma aposentadoria tranquila ou a tão sonhada liberdade financeira. Vocês não precisam mostrar isso para seus filhos pequenos, mas é fundamental que os adolescentes tomem contato com esse fato a partir do momento em que eles consigam abstrair e imaginarem-se com cabelos brancos. É necessário que você e sua família entendam que precisarão de recursos para essa fase, pois a aposentadoria paga pelo governo é o caminho para o empobrecimento. E, caso vocês sejam tentados a usar esse dinheiro, ou parte dele, para outra coisa, saibam que vocês estarão tirando dinheiro de um velhinho

e uma velhinha e isso é um golpe baixo. Vocês sabem de que velhinhos estamos falando, não?

- **Doar:** é importante para a criança aprender a abrir mão de algo em prol do outro para começar a perceber o valor das amizades, da generosidade, das relações humanas equilibradas e da solidariedade. Ela pode começar doando brinquedos, roupas, livros etc., quando estes não servirem mais ou quando ela ganhar objetos semelhantes. A criança também pode ser estimulada a doar seu tempo. Um sábado à tarde, ajudar em uma festa beneficente ou em uma campanha de agasalhos podem ser exercícios fantásticos para desenvolver os valores listados aqui.

A doação de dinheiro deve ser feita com critério para não se transformar em simples esmolas ou para não ser uma forma de aliviar-se da culpa por ter recursos financeiros. De nada adianta dar esmolas em um sinal, atitude que só vai contribuir para manter o pedinte na rua. Lembrem-se, não se pode ajudar as pessoas que se colocam em posição de vítimas, elas, na maioria das vezes, continuarão nessa situação.

Um bom modo de doar dinheiro é pela herança. Assim, vocês deixarão um grande legado às próximas gerações: a riqueza em si mesma e a educação transmitida ao longo de toda a vida. Enquanto formaram o capital da herança, deram exemplo de boa condução do dinheiro ao construir um patrimônio, pois usaram o dinheiro com equilíbrio. Esse pode ser um belo exemplo para deixar a seus netos e bisnetos.

Capítulo 10
Organizando o orçamento familiar

Façam um plano de voo

Fazer um orçamento é estabelecer planos e metas para atingir objetivos na vida. É como fazer um voo: imaginem-se o comandante de uma aeronave que, com sua equipe, irá de um lugar a outro. Antes de decolar, vocês planejam cada detalhe, avaliam o avião e, se estiver tudo bem, decolam. Durante o voo, com certeza, todos realizarão suas tarefas, afinal é uma equipe com o objetivo de pousar no seu destino com a máxima segurança, tranquilidade e economia de meios.

O orçamento financeiro de uma família deverá ser encarado da mesma maneira e com a mesma seriedade. Na prática, é elaborar um plano ou roteiro que defina ou programe, antecipadamente, tudo o que vocês e a família pretendem realizar com o dinheiro que têm.

No entanto, para que aconteçam os resultados esperados, é necessário acompanhamento e avaliação, continuamente, como faz o bom "comandante". Portanto, é fundamental "navegar" no orçamento planejado para perceber que, em dado momento, é necessário corrigir a rota. O grande objetivo é levar vocês a terminar o mês com saldo de sobras zero, ou seja, nem positivo, nem negativo, pois os recursos destinados às metas e aos sonhos serão considerados despesas.

Fazer um orçamento com a única intenção de juntar dinheiro não tem tanta força quanto juntar dinheiro para realizar os sonhos e as metas da família. Vocês podem começar pela festa de aniversário de um filho, uma viagem de férias, a reserva para a independência financeira ou a aposentadoria, a troca do carro, a compra da casa própria etc., para tudo ser pago à vista.

É preciso considerar algumas contas que são recorrentes, como as festas de fim de ano, a matrícula e o material escolar logo depois, os impostos nos meses seguintes etc.

Podemos tomar como base uma viagem, que será a nossa meta. Definam o local, depois definam quem irá – se somente os cônjuges ou todos – e qual vai ser o custo disso, maior ou menor, dependendo das decisões anteriores. Revejam se é possível manter as condições ou se é necessário mudar algo. Tomada essa decisão, vocês vão calcular quanto têm de investir por mês para realizar o sonho traçado ou cumprir sua obrigação futura.

Fazendo isso para cada meta ou compromisso futuro, saberão exatamente quanto aplicar a cada mês para realizá-los e quando o sonho se tornará realidade. A partir desse cálculo, é só planejar os gastos do mês e do dia a dia com o que sobrar.

Essa é a parte mais importante do plano de voo de vocês, pois seus sonhos e as despesas futuras já estarão programados. Definindo metas e trabalhando mensalmente para atingi-las, além de estimular toda a família a aprender sobre finanças e a cuidar mais do dinheiro, vocês estarão ganhando, duplamente, primeiro os juros, enquanto aplicam os recursos mensais, e depois quando forem comprar o sonho, pois terão o dinheiro para pagá-lo à vista e, desse modo, poderão negociar generosos descontos.

É importante salientar que as metas não são apenas para o futuro. É importante definir quanto será gasto na família com telefonia, internet, TV a cabo, empregados, alimentação fora de casa, transporte, combustível, supermercado, "baladas", cinemas e todas as demais despesas da família, estabelecendo um limite para cada uma delas, suprimindo outras e trabalhando em conjunto para cumprir o que foi combinado, com responsabilidade, atenção, zelo, pois um objetivo cumprido no âmbito da família trará benefícios coletivos e é uma vitória de todos. Assim será mais fácil juntar dinheiro. Metas e objetivos bem definidos e positivos estimularão vocês e toda a sua família.

Estabeleçam o orçamento participativo

Mostrem a seus familiares que vocês podem levar uma vida boa, com simplicidade e conforto, e que para isso não é necessário ter tudo. Não é preciso seguir todos os ditames da moda e os apelos da propaganda. Com certeza, será preciso dizer alguns "nãos": para si mesmo, para seu cônjuge, para os filhos e os parentes, o que poderá trazer grandes benefícios para as finanças da família. Troquem os "nãos" por diálogo e afeto, na maioria das vezes, é tudo o que seus familiares querem.

É importante, também, chamá-los para participar da montagem do orçamento da família. O envolvimento de todos é fundamental, incluindo os filhos, dependendo, é claro, da idade de cada um. Façam uma reunião em família e explanem tudo o que acontece com o dinheiro da casa. Estabeleçam objetivos, prioridades e façam o seu plano de voo mensal juntos.

Para isso, é importante a prática sistemática do diálogo. Não faz sentido os membros de uma família não conhecerem os planos para o futuro, pois assim poderão querer tomar direções divergentes. Também não é lógico que os pais tomem certa decisão e os filhos não a acatem, simplesmente porque desejam o contrário. Ou pior, que os filhos decidam o que vai ser feito, prevalecendo suas vontades e seus desejos, em uma atitude de quase tirania e em detrimento da vontade dos pais.

Pensamos que quanto maior for a exigência financeira dos filhos, maior deverá ser a participação deles na montagem do orçamento e maior deve ser sua colaboração para diminuir custos e, se já tiverem renda, é importante participarem do orçamento da casa. Sabendo a quantas andam os números, mais conscientes tenderão a ser.

Vale destacar que cada pessoa tem necessidades diferentes das de outras e, portanto, o orçamento deve contemplar essas diferenças, obedecendo aos limites da receita líquida, aos critérios e aos valores de cada família. Uma vez decidido o que e como gastar, todos devem trabalhar em conjunto para atingir as metas.

Reúnam a família, regularmente, para mostrar os avanços e os retrocessos, se ocorrerem. Nesse caso, verifiquem, antes de tudo, se não foi um planejamento malfeito. Analisem o que aconteceu e corrijam o problema. Se for um deslize de alguém, reorientem o responsável. Está indo tudo bem? Elogiem, comemorem, premiem.

Em nenhum momento, transfiram responsabilidades dos pais para os filhos. Queremos lembrar que a hierarquia da família deve ser respeitada nesse quesito também. Mesmo que os filhos participem na montagem do "plano de voo", as decisões finais, a condução do orçamento e a responsabilidade por fazer com que todos cumpram o que foi estabelecido são dos pais.

Estabeleçam um modelo de divisão de ganhos e gastos na família

Para colocar em prática o que foi explicado, apresentaremos a seguir um modelo de divisão de ganhos e gastos. Não temos a pretensão de que seja o modelo ideal, mas sugerimos que o experimentem.

Procurando atender à metodologia do "plano de voo", façam uma previsão de tudo o que a família fará com o dinheiro antes de sua chegada. Deem a cada real um destino, definindo o que a família fará com ele nos dias, meses e anos vindouros. O objetivo principal é fazer com que a família tenha uma visão geral do orçamento, saiba para aonde está indo o dinheiro, pague tudo à vista e encare o futuro, com planos concretos e exequíveis. Para isso, será necessário utilizar as quatro planilhas:

- Receitas
- Despesas futuras
- Despesas mensais
- Despesas do dia a dia

Acompanhem as explicações a seguir para montar a tabela da família ou, se preferirem, baixem as planilhas eletrônicas gratuitamente no *site* <http://www.libratta.com.br>. A família também poderá optar por fazer uma experiência gratuita, por dois meses, usando o sistema *Librattum*, que é um programa eletrônico para ajudar qualquer um a gerir bem seu dinheiro. Esse programa pode ser acessado de computador, *tablet* ou *smartphone* (qualquer plataforma) e está em ambiente seguro, obedecendo a normas que protegem a identidade do usuário e seus dados: <http://www.librattum.com.br>.

Receitas

São todos os valores líquidos pagos à família, como, por exemplo, salário, pró-labore, aposentadoria, renda de trabalho liberal, pensão, resgate de aplicações financeiras, aluguéis, venda de bens, dividendos, restituição de imposto de renda etc. Pode parecer óbvio, mas é importante destacar que o que verdadeiramente interessa é a receita líquida, aquela efetivamente depositada na conta corrente.

Tomem cuidado com algumas armadilhas colocadas nas contas da família, juntamente com as receitas, como limites de cheque especial e contas com aplicações automáticas. Esses produtos costumam confundir muita gente.

Listem em "Descrição" o tipo de receita que a família estima receber; em "Valor" a receita líquida prevista e em "Data" o dia previsto para o recebimento. Ao receberem o salário, anotem na parte destinada ao voo aquilo que efetivamente aconteceu e façam as comparações necessárias. Vejam o exemplo na tabela a seguir.

Planejamento de receitas

Descrição	RECEITAS			
	O PLANO DE VOO		O VOO	
	Valor	Data	Valor	Data
Salário	5.127,00	05/01/2012	5.148,00	04/01/2012
Aluguel	1.000,00	06/01/2012	1.000,00	05/01/2012
TOTAL	6.127,00	-	6.148,00	

Para o assalariado, essa tarefa é muito fácil, basta olhar seu contracheque e verificar qual vai ser seu próximo salário. O profissional liberal, o autônomo, o empresário, o funcionário pago por comissão e todos aqueles que têm receitas variáveis devem calcular quanto foi recebido nos períodos passados, preferencialmente nos últimos doze meses, fazer a média dos seus ganhos e usá-la para definir seu "salário".

A partir de então, preparem uma reserva regulatória, que será uma aplicação financeira que vocês usarão para regular seus recebimentos, ou seja, guardar o dinheiro quando os lucros forem superiores à média e retirar o dinheiro necessário para complementar suas receitas quando os lucros forem inferiores. Essa reserva transformará os ganhos variáveis em um valor regular, como um salário, permitindo-lhes planejar seus orçamentos como se vocês fossem empregados do próprio negócio. Lembrem-se: essa reserva não é para ser utilizada com despesas pessoais; ela deve ser usada apenas nas situações em que a renda advinda do trabalho, em um mês ou outro, não atingir a média estabelecida antecipadamente. Isso dará muita tranquilidade para vocês continuarem trabalhando bem.

Recomendamos que a aplicação citada acima seja um fundo de renda fixa ou qualquer aplicação com rentabilidade e liquidez diária (todo dia rende um pouquinho e é disponível para sacar a qualquer dia, sem prejuízos) e sem volatilidade, ou seja, os "sobe e desce" das bolsas de valores. Se bem escolhida e administrada, essa reserva trabalhará a favor de vocês, rendendo alguns juros, facilitando a vida de todos.

É importante salientar que muitos profissionais liberais, autônomos e pequenos empresários misturam as finanças do trabalho com as da casa, em um verdadeiro "balaio de gatos". Se esse é o caso de vocês, antes de tudo, separem-as, tanto para poderem ver e analisar a vida pessoal e profissional separadamente, quanto para diminuir o risco de problemas fiscais nos negócios em que estejam trabalhando.

Despesas futuras

Essas são as despesas destinadas às metas e aos sonhos da família. Para a maioria delas, esse tipo de despesa é uma novidade. Afirmamos isso, pois é raro encontrarmos famílias que planejam seus gastos futuros com acerto e precisão. A maioria aplica apenas o que sobra do orçamento mensal e raramente tem o necessário para seus sonhos, pois em geral investem pouco e sem metas ou, simplesmente, porque o dinheiro não sobra, pois apelos para gastar não faltam. Quando muito, elas investem algum dinheiro para o futuro, aqueles clássicos "10% da renda", conforme ouvimos no rádio ou na TV. É claro que isso é melhor que nada, mas, pelo que vocês verão a seguir é muito pouco. Fazendo um planejamento atento, vocês descobrirão que será necessário muito mais. Invertam a lógica usual de investir o que sobrar e paguem primeiro a vocês e à sua família. Calculem e separem quanto vocês precisam investir e gastem o que sobrar.

Neste tópico aparecerão despesas que são impostas pelo governo, como IPTU, IPVA, IRPF; as criadas pela sociedade, como, por exemplo, Natal, Dia das Mães, dos Pais etc. e também aquelas advindas das obrigações e de relações familiares, como a matrícula e o material escolar, os presentes de aniversário, casamento, nascimento etc. Também as despesas futuras criadas pela família para atender a suas necessidades, vontades e escolhas, como a reserva financeira para a aposentadoria, viagens, faculdade dos filhos, cursos de aperfeiçoamento, compra e manutenção da casa, aquisição e manutenção do carro, entre outras.

Os valores apurados serão investidos na melhor aplicação possível, conforme o conhecimento e o perfil de investidor dos responsáveis. A finalidade é preparar a família para ter o dinheiro, em mãos, no momento em que as despesas ocorrerem, permitindo o seu pagamento à vista e com descontos. Além disso, a família terá a vantagem de receber juros durante o período de formação de suas reservas financeiras para cada meta. Isso permitirá que os valores mensais a investir sejam menores, permitindo sobrar mais para utilizar nas despesas mensais e do dia a dia. Portanto, a família descobrirá quanto precisará poupar mensalmente e passará a aplicar esses valores assim que os receber, tratando-os como despesas.

Vamos listá-las, acompanhando a tabela a seguir. Em "Descrição", escrevam o tipo de despesa futura que vocês planejam ter; em "Alocação inicial", anotem o valor que vocês já possuem guardado ou investido para a despesa listada; em "Custo total", lancem o valor total estimado para o gasto. Em "Data do planejamento", anotem o mês em que vocês fizeram o planejamento da despesa. Em "Data da execução", listem o mês previsto para a ocorrência da despesa. Em "Taxa de juros", listem a taxa de juros mensais da aplicação na qual será investido o valor de cada meta. É importante descontar o imposto de renda e a inflação para os investimentos escolhidos. Nota importante: caso vocês guardem os recursos em casa (no colchão), coloquem zero na taxa de juros.

Em "Nº de meses", aparecerá automaticamente o número de meses que decorrerá entre as datas informadas e, em "Valor mensal", será calculado o valor mensal a ser depositado, juntamente com o valor inicial informado, para atingir o custo total, considerando todos os dados listados.

Planejamento de despesas futuras

			DESPESAS FUTURAS					O VOO	
			O PLANO DE VOO						
DESCRIÇÃO	Alocação inicial	Custo total	Data do plan.	Data da exec.	Tx. de juros	Nº meses	Valor mensal	Valor mensal	Local da aplicação
Aposentadoria	0,00	500.000,00	1º/11/2012	07/05/2037	1,00%	294	283,42	283,42	Fundo A – Banco Z
Carro	10.000,00	23.000,00	1º/11/2012	1º/02/2016	0,75%	39	213,20	213,20	Fundo B – Banco Y
Compra de imóvel	0,00	200.000,00	1º/11/2012	1º/05/2029	1,00%	198	324,05	324,05	Fundo A – Banco Z
Viagem à Disney	0,00	15.000,00	1º/11/2012	1º/08/2018	0,75%	69	166,77	166,67	Fundo B – Banco Y
TOTAL							987,44	987,44	

Estando tudo pronto, somem os valores de iguais taxas de juros e invistam-os naquilo em que a família estima receber as taxas informadas. No exemplo anterior, o ideal é investir uma quantia de 607,47 em uma aplicação que renda 1% ao mês e mais 379,97 em uma aplicação que renda 0,75% ao mês. Estudem as aplicações disponíveis no mercado, vejam os que lhes oferecem ou consultem um profissional especializado.

Nos meses seguintes, repitam esse planejamento, mantendo toda a planilha, até que chegue o momento de executar algum dos itens descritos. Nessa hora, retirem de sua aplicação financeira o valor correspondente aos valores, executem-o pagando à vista, com prazer e a segurança, pois podem honrar o compromisso sem comprometer outros campos da vida financeira da família. Se o gasto realizado for recorrente, como os impostos, por exemplo, replanejem-o. Se não for, criem uma nova despesa futura, ou ainda, escolham onde usar o dinheiro da despesa que terminou. Vejam a seguir alguns lembretes importantes.

- Analisem muito bem os investimentos que vocês têm disponíveis para definir a correta taxa de juros a ser informada para cada despesa. Vocês podem inserir a taxa de juros que desejarem, entretanto, tenham a garantia de que a taxa listada é a que realmente remunera o capital em questão.

- Para fazer outros cálculos, ou se desejarem montar a planilha em papel, contem com as calculadoras ou os simuladores do *site* do seu banco ou, ainda, com as diversas calculadoras disponíveis na internet.
- Como essas despesas não ocorrem todos os meses, muitas famílias classificam-as como "extras" ou, simplesmente, resolvem ignorá-las, alegando que seu planejamento tira recursos das despesas mensais e das do dia a dia. O que é realmente extra? Pensar assim é autossabotagem, uma vez que essas despesas chegarão em seu nome, quer você admita, quer não, é só uma questão de tempo. Portanto, planejem-as, para que, no dia previsto de sua ocorrência, vocês tenham a totalidade dos recursos para honrá-las, podendo pagá-las à vista e com desconto, aproveitando ainda mais a força do dinheiro investido.
- Muitas pessoas alegam que se forem planejar e guardar dinheiro para os seus sonhos ou para as despesas futuras, o dinheiro do mês não será suficiente. Se acontecer com a família de vocês, é certeza de que o padrão de vida escolhido está acima das suas reais possibilidades. Isso é comum, afinal os sonhos e as despesas raramente são planejados. Nesse caso, há duas soluções: ou aumentem a renda ou baixem o padrão de vida. Salientamos que a solução mais rápida e eficiente é a segunda.
- Caso vocês tenham dívidas, não planejem despesas futuras, por enquanto. Trabalhem na eliminação das dívidas da família e canalizem toda a energia para liquidá-las antes de alocar recursos para as despesas futuras, pois dificilmente existirão aplicações financeiras que paguem juros maiores que os cobrados pelas dívidas.

Despesas mensais

Antes de tudo, é importante explicar o motivo para não chamar essas despesas de fixas, como muita gente gosta de considerar. A razão é simples: nomeadas assim, a cada vez que vocês pensarem nelas será mandada ao subconsciente de vocês a informação de que essas despesas são inflexíveis. É justamente o contrário disso que queremos que aconteça: que a mente de vocês fique aberta para perceber que qualquer compromisso financeiro pode ser enxugado. Acordos ou contratos podem ser negociados, cancelados, encerrados. Despesas podem ser reduzidas e eliminadas.

Essas despesas são, normalmente, regidas por um acordo verbal ou por um contrato que vocês assinaram. Têm uma data de referência, normalmente ocorrem apenas uma vez a cada mês e podem ter valores fixos ou variáveis. São aquelas despesas de que todos normalmente se lembram, pois caso se esqueçam de pagá-las haverá prejuízos, como multas e juros ou cortes de serviços: academia de ginástica, aluguel, prestações em geral, condomínio, financiamentos, empregada doméstica, telefones, TV a cabo, cheques pré-datados, empréstimos, cursos, atividades extracurriculares, clubes, consórcios, previdência privada, plano de saúde etc.

Atenção: é muito comum as pessoas listarem aqui a fatura do cartão de crédito. Na prática, ele não é um item de suas despesas ou da família. Ele é uma forma de pagamento. Então, vocês devem anotar o que compraram e pagaram com cartão de crédito e, na coluna "forma de pagamento", devem lançar "cartão de crédito".

Acompanhem, na tabela a seguir, o modo de planejar as despesas mensais. É muito simples, as famílias já as conhecem naturalmente. Em "Descrição", escrevam o tipo de despesa mensal prevista; em "Valor mensal", lancem o valor estimado para o gasto, tendo como referência os valores pagos nos meses anteriores. Em "Data de vencimento", anotem a data prevista para o pagamento. Listem todas as despesas mensais que a família tem e, nos dias subsequentes, façam uma revisão para se certificarem do lançamento de todas.

Planejamento de despesas mensais

DESPESAS MENSAIS					
	O PLANO DE VOO		O VOO		
DESCRIÇÃO	Valor mensal	Data de vencimento	Valor mensal	Data de pgto.	Forma de pgto
Condomínio	600,00	05/10/2012			
Energia elétrica	150,00	08/10/2012			
Telefone	140,00	12/10/2012			
Escola	850,00	15/10/2012			
SUBTOTAL	1.740,00				

Observem que alguns meses não são exatamente iguais aos outros. Por exemplo, no mês subsequente àquele no qual a família saiu de férias, as contas de energia elétrica e de telefone fixo poderão ser menores. Entretanto, nos meses em que em que a casa recebeu visitas, estas podem aumentar um pouquinho. Considerem isso na hora de fazer o planejamento de despesas mensais, observando as particularidades de cada item, dentro de cada mês.

Mãos à obra. Consultem tudo: extratos, notas fiscais, contratos, anotações em geral e mais o que for lembrado. Não se preocupem se faltar algo. As correções podem e devem ser feitas a todo momento. Aliás, vamos contar um segredo que os aviadores nunca contaram: um voo perfeito é um voo repleto de erros, mas abundante de rápidas e precisas correções, em que o erro não chega a ser notado por olhos pouco experientes.

Despesas do dia a dia

São as despesas que ocorrem uma ou mais vezes ao longo do mês e têm correlação com o dia a dia da casa ou dos membros da família. É fundamental definir os valores médios de cada item, bem como sua frequência mensal. Os valores médios serão as metas a atingir, cada vez que a despesa ocorrer. Por exemplo: supermercado, feira, açougue, padaria, combustível, flores, estacionamento, diversões românticas, restaurante com amigos, transportes, alimentação fora de casa, lanche na escola, cinema, shows etc.

É muito fácil lembrar o valor médio e a frequência de algumas dessas despesas, como o do combustível, por exemplo, pois quase sempre o valor é o mesmo. De outro lado, seus gastos no supermercado, na feira, na padaria, no almoço fora de casa com a família ou com os amigos são mais difíceis, simplesmente porque não há limite físico preestabelecido ou porque os gastos podem variar bastante. Todavia, a família pode definir, previamente, quanto vai gastar a cada vez que os gastos do dia a dia ocorrerem (valor médio) e quantas vezes eles vão ocorrer no mês (frequência). Dessa forma, estarão estabelecendo limites e não haverá sustos e sobressaltos no fim do mês.

Construam seu planejamento de despesas do dia a dia utilizando-se da tabela a seguir. Em "Descrição", lancem o tipo da despesa; em "Valor médio", anotem o valor médio estimado para o gasto, ou seja, o valor que vocês pagarão cada vez que o gasto for executado; e em "Frequência", assinalem o número de vezes que o gasto ocorrerá no mês. Em "Valor mensal", a planilha fará o cálculo automaticamente, multiplicando o valor médio com a frequência planejada.

Planejamento de despesas do dia a dia

DESCRIÇÃO	DESPESAS DO DIA A DIA						Forma de pagamento
	O PLANO DE VOO			O VOO			
	Valor médio (A)	Frequência (B)	Valor mensal (A•B)	Valor médio (C)	Frequência (D)	Valor mensal (C•D)	
Supermercado	120,00	5	600,00				
Gasolina	125,00	4	500,00				
Aluguel de filme	6,00	12	72,00				
Lanche	4,50	20	90,00				
SUBTOTAL			1.262,00				

Recorram às suas anotações de gastos passados e colham informações para montar o planejamento de despesas do dia a dia da família. Se não houver anotações, estimem um valor como meta e passem a anotar tudo o que vocês gastam. Uma boa ajuda será lançar mão de todas as anotações de gastos que a família possui, e mesmo que sejam simples e não estejam atualizadas, elas servirão como referência inicial.

O voo

Anotem todos os gastos de sua família, mesmo que pequenos e, aparentemente, insignificantes. Peçam ajuda a cada membro da família. Assinalem tudo o que ocorrer, desde o pagamento de uma conta alta até poucos reais dados de gorjeta. De posse das anotações, lancem nas colunas "o voo" o que ocorreu. Em seguida comparem com o "plano de voo" e procurem perceber se o orçamento da família está na rota ou à direita ou à esquerda dela; no tempo certo, adiantado ou atrasado.

Se necessário, retornem à rota correta, ponham o pé no freio, acelerem, façam pequenos desvios, mas sempre de olho no seu plano de voo, que é o seu mapa, que irá levá-los ao seu destino e garantir um pouso suave e seguro.

Anotem, lancem e comparem tudo o que ocorreu com o que foi planejado, diariamente. É um novo hábito que precisa ser criado. Anotar, para fazer as contas ao final do mês, descobrindo quanto gastaram, de nada adianta, uma vez que vocês não terão mais ações sobre os gastos feitos. Da mesma forma, não percam tempo com os meses passados, pois não há como mudá-los.

Comecem pelas receitas. Lancem o que foi recebido e comparem com o que foi planejado receber. Se o recebimento está de acordo com o orçamento, muito bem. Se não está, verifiquem o que aconteceu e revejam-o para melhorar o plano de voo no próximo mês.

Para as despesas futuras, na data de recebimento de suas receitas, façam, para cada item, os investimentos planejados. Não atrasem essa ação: paguem primeiro a vocês. Como a maioria das aplicações financeiras tem rentabilidades diárias, se houver atraso, vocês perderão dias de juros. Isso, no curto prazo, pode ter pouco significado, mas, no longo prazo, pode impedir a concretização de alguma meta na data planejada.

Anotem, em "o voo", o valor investido, o banco de destino e o nome do produto financeiro escolhido.

Repitam essas ações mensalmente. Quando chegar o dia previsto para o gasto, retirem de sua aplicação financeira o valor correspondente para tal, paguem à vista, com prazer, preferencialmente com algum desconto. Comemorem, desfrutem do bem e planejem outra ação financeira no lugar dessa que se encerrou.

É importante frisar: todas as vezes que gastarem, façam as comparações entre o que está acontecendo no voo com o plano de voo, assim terão tempo para adotar os ajustes necessários para chegar ao destino com segurança. Por exemplo, suponham que estão na metade do mês e já gastaram 75% do valor previsto para a padaria. É claro que, se continuarem nessa velocidade, vão ultrapassar o valor total do quesito e ficarão em apuros ao final do período considerado. Sabendo disso, vocês podem planejar gastos menores na compra do pão ou transferir recursos de outros tópicos, ainda não gastos, para as delícias da padaria.

Em resumo, o importante é ficar dentro daquilo que vocês planejaram para cada item de suas despesas. É claro que um escorregão aqui ou ali não vai comprometer seu futuro, pois, possivelmente, agindo conforme explicado, vocês não atingirão todos os valores máximos em todos os tópicos planejados.

E como todos os aviadores, olhem para a frente. De posse do resultado de seu voo no mês, montem o plano de voo para o mês seguinte, repitam a metodologia e façam as adaptações necessárias. Lembrem-se: o objetivo é chegar ao fim do mês com o saldo de suas planilhas em zero ou próximo de zero. Se sobrou dinheiro, parabéns, é hora de criar outros objetivos para o dinheiro que sobrou. Retornem ao plano de voo e incluam outros sonhos, desejos, metas ou diminuam o tempo para atingi-los. Também vale planejar gastos futuros maiores, aumentar o valor de sua aposentadoria ou antecipá-la. Outra opção é acrescentar mais conforto em sua vida, contratando outros serviços que vocês nem imaginavam que pudessem ter.

Vocês devem estar pensando que os autores "enlouqueceram" ao recomendar aumentar os gastos. Não estamos doidos. Apenas queremos chamar a atenção para a necessidade de dar um destino a todo esse dinheiro, pois dinheiro sem destino vai para qualquer lugar, que não sabemos qual é, e depois fica muito difícil achá-lo para tê-lo de volta.

Com o passar do tempo e os cuidados constantes, vocês internalizarão esse modelo de organização financeira e darão conta dele naturalmente, sem a necessidade de investir grande quantidade de tempo nele. O comportamento cuidadoso e atento com as finanças será automático pois aprendemos por repetição. Com esse procedimento vocês terão mais conhecimento da sua realidade financeira e se sentirão mais confortáveis e livres, e, além de tudo, estarão tomando uma ótima vacina contra o endividamento.

Enxuguem gastos

Não é necessário economizar, pois economizar é como fazer regime. É preciso sim fazer uma *mudança* no seu estilo de vida. Se vocês querem emagrecer, precisam fazer uma reestruturação alimentar e não uma dieta restritiva apenas, pois, ao pararem o regime sem verdadeiras mudanças de hábito, a tendência é engordar tudo de novo ou mais.

Com as finanças acontece algo parecido. Se uma pessoa tem um orçamento de cortes e de privações constantes, ela economiza um pouco por mês até o dia em que perde o controle e gasta uma bolada com algo desnecessário. Nessa recaída, pode gastar mais do que economizou.

Quem corta gastos por pura obrigação pode até diminuir o número de vezes que vai ao cinema no mês, mas pode acabar gastando o dinheiro poupado em outra coisa, pois o fato de estar economizando aborrece. Se, por outro lado, a pessoa gosta de saber que está endireitando as finanças, que o dinheiro poupado e não gasto no cinema vai direto para o pagamento das dívidas ou para seus investimentos, ela se sente melhor por estar assumindo as rédeas de seus hábitos de consumo. Assim, se no caso de vocês o orçamento apresenta um saldo negativo, será necessário realizar alguns "enxugamentos". Cortes, só em casos de endividamentos graves.

O primeiro passo é fazer distinções entre o que é desejo e o que é necessidade. Quantas coisas a família já comprou que depois se mostraram inúteis ou foram usadas apenas uma vez ou nenhuma nos últimos 12 meses? Se essas questões existem em sua família, muito provavelmente, vocês compraram por desejo ou por impulso.

Para evitar isso, antes de comprar alguma coisa, perguntem-se: precisamos? Vamos realmente usar? Isto nos será útil de fato? Também será necessário distinguir entre o que é merecimento e possibilidade. Merecimento é diferente de ter condições, de ter a possibilidade de fazer. Vocês se sentem merecedores de uma vida boa e farta? O sentimentos de merecer tem a ver com a relação que os seus pais tiveram com vocês. Eles lhe deram modelos de superação de problemas?

É claro que a família de vocês merece férias na Europa ou em qualquer outro lugar bacana. Todavia, a questão é saber se, hoje, vocês podem. Provavelmente, hoje, muitas família não poderão realizar seus sonhos, mas garantimos que, planejando, daqui a 12, 24 ou, quem sabe, 60 meses, poderão.

Normalmente, quando falamos de enxugamentos, as pessoas imaginam que precisarão abrir mão das coisas de que gostam. A família poderá continuar a fazer quase tudo, mas de forma mais eficiente e equilibrada. Para isso, é fundamental entender que as despesas futuras, mensais e do dia a dia, têm características de enxugamento diferentes, e por essa razão, elas serão tratadas de modos distintos.

O enxugamento das despesas futuras

Entre as despesas futuras, existem aquelas cujas datas de pagamento são conhecidas e os valores previsíveis, como os impostos. Existem também aquelas em que as datas de ocorrência são conhecidas e os valores podem ser definidos por vocês, como os presentes de aniversário. Por fim, há aquelas que vocês podem definir as datas nas quais a despesa ocorrerá e seus respectivos valores, como a troca do carro. Para cada uma delas há uma maneira de agir.

O primeiro caso (impostos): existem algumas maneiras de reduzi-los, como o cadastramento nos programas dos governos estaduais de incentivo à emissão de notas fiscais, como o Nota Legal, no Distrito Federal e o Nota Fiscal Paulista, em São Paulo. A ideia é repassar parte da arrecadação ao cidadão para que ele possa abater nos valores dos impostos estaduais ou concorrer a sorteios. Além disso, considerem a redução do número de veículos da família ou a troca por outros de valores mais baixos para reduzir os custos de IPVA. Outra saída é mudarem-se para uma casa menor que a atual. Em todo caso, mudanças de casa ou troca de carro, exigem planejamento abrangente e considerações sobre possíveis aumentos de outros gastos.

Todavia, se a família considerar isso como uma opção interessante no processo de enxugamento de gastos, mudem-se para uma área que seja próxima ao local de trabalho dos membros da família, e analisem também trocar as crianças de escola, de modo a fazer uma ótima triangulação entre casa, trabalho e escola. Isso, além de reduzir os custos de IPTU, poderá indiretamente, reduzir custos com escola, transporte e, com certeza, dará mais tempo de convivência para todos.

Contudo, se essa ação aumentar algum custo como, por exemplo, o da escola, ele poderá ser compensado com a diminuição de outros. Por isso é importante as considerações sobre enxugamentos de gastos.

Se decidirem trocar de casa, considerem o tamanho desta. Ela deve atender ao conforto da família, mas sem exageros. Como o IPTU é cobrado pela área total da residência, espaço extra, com pouco uso, implica mais gastos com IPTU.

O segundo caso (festas): é fato que há datas comemorativas na vida de toda família e praticamente todas com datas definidas. Entretanto, os valores a gastar dependem das decisões tomadas pela família.

Para essas ocasiões não é necessário gastar muito. Um pouco de planejamento é o suficiente para a família curtir as festas e ficar dentro de seu orçamento, de acordo com suas reais possibilidades.

No custo total das festas, a família deve incluir desde a decoração até os presentes, por mais simples que sejam. A consulta a um calendário para anotar as datas de aniversário de familiares e amigos ajuda muito nesse momento. A antecipação, principalmente aos períodos de festas coletivas e dias comemorativos, pode deixar os custos baixos. Para isso, a palavra de ordem é *planejamento*.

As tabelas a seguir apresentam modelos de planejamento das despesas comentadas. Observem a redução dos valores de custo total e a redução dos valores mensais a investir, mantendo-se os mesmos períodos de tempo.

Planejamento de despesas futuras

DESCRIÇÃO	DESPESAS FUTURAS							O VOO	
	O PLANO DE VOO								
	Alocação inicial	Custo total	Data do plan.	Data da exec.	Tx. de juros	Nº meses	Valor mensal	Valor mensal	Local
Festa de aniversário	0,00	5.000,00	1º/05/2012	10/04/2013	0,55%	11	442,18		
Festa de Natal	0,00	3.000,00	1º/05/2012	1º/12/2013	0,55%	7	421,55		
Dia dos namorados	0,00	800,00	1º/07/2012	12/06/2013	0,55%	11	70,75		
Dia das crianças	0,00	700,00	1º/11/2012	12/10/2013	0,55%	11	61,91		
TOTAL							996,39		

Planejamento de despesas futuras (enxugamento)

DESPESAS FUTURAS								O VOO	
DESCRIÇÃO			O PLANO DE VOO						
	Alocação inicial	Custo total	Data do plan.	Data da exec.	Tx. de juros	Nº meses	Valor mensal	Valor mensal	Local
Festa de aniversário	0,00	1.000,00	1º/05/2012	10/04/2013	0,55%	11	88,44		
Festa de Natal	0,00	1.500,00	1º/05/2012	1º/12/2013	0,55%	7	210,78		
Dia dos namorados	0,00	300,00	1º/07/2012	12/06/2013	0,55%	11	26,53		
Dia das crianças	0,00	400,00	1º/11/2012	12/10/2013	0,55%	11	35,37		
TOTAL							361,12		

O terceiro caso (datas e valores livres): as despesas futuras das quais vocês podem definir as datas e os valores de ocorrência dão uma flexibilidade maior, tornando mais fácil o planejamento e o atingimento das metas. A variável mais importante nesse caso é o tempo. Quanto maior for o tempo, menores serão os valores mensais a investir em cada projeto, tornando-os mais exequíveis. Alguns exemplos: a reserva financeira para a aposentadoria, a troca do carro, a viagem de férias, a compra da casa. Para estas, diminuam os valores estimados de realização e/ou adiem, em alguns meses ou anos, as datas de realização. É a hora de colocar os pés no chão, verificando se a realização está de acordo com o seu orçamento mensal.

Nessa hora as taxas de juros são também suas aliadas. Observem que usamos nas tabelas anteriores taxas de 0,55% ao mês (a.m.), que correspondem aos valores que podemos obter usando produtos de renda fixa de baixo risco. Procurem informações sobre o mercado financeiro e, se necessário, contratem assessoria financeira para buscar maior rentabilidade para seus investimentos. Quanto maiores forem os retornos, menores serão os valores mensais a investir ou maior será o capital acumulado, ou menor será o tempo de espera. A escolha é de vocês.

O enxugamento das despesas mensais

Para iniciar os enxugamentos, planejem a troca, por valores menores que os atuais, dos compromissos financeiros assumidos. É claro que de imediato isso não será possível com todos. Não é interessante trocar uma criança de colégio no meio do semestre, nem dispensar a empregada doméstica de hoje para amanhã.

Por exemplo, se vocês desejarem abaixar o valor do aluguel, correrão o risco de morar mais longe do seu local de trabalho ou da escola dos filhos, e isso poderá implicar aumento de gastos com transporte. A dispensa da empregada doméstica pode concorrer para mudanças muito drásticas na rotina da casa e o momento pode não ser adequado para tal. Logo, um planejamento prévio é fundamental.

Outras despesas já permitem uma negociação ali, um desconto acolá. Para tudo há um jeitinho, uma possibilidade. Verifiquem, também, quais são as despesas que vocês pagam e usam muito pouco, ou não usam nada. O clube, a academia de ginástica, o superpacote da TV por assinatura, o superplano de telefonia fixa ou móvel etc. Vocês podem eliminar, também, os títulos de capitalização, os consórcios e todos os outros contratos de serviços e produtos financeiros pouco eficientes. Informem-se sobre eles.

Vocês têm ainda na sua planilha de despesas mensais aquelas que têm valores variáveis, como a conta dos telefones, a conta de energia elétrica e a conta de água. A ação da família sobre esses itens é fundamental para o processo de enxugamento.

Conversem entre a família sobre a real situação de vocês e definam o que farão juntos para reduzir essas despesas. Se todos puderem participar, fica mais fácil a colaboração para atingir o que for estabelecido.

Para reduzi-las, vocês podem começar por afixar junto aos aparelhos telefônicos da casa uma tabela que apresente os horários de acréscimos e de descontos nos valores das chamadas. Façam isso de forma criativa e lúdica. Motivem seus familiares a evitar o uso do telefone nos horários mais caros.

Ademais, verifiquem as tarifas das prestadoras de serviços de água e energia elétrica e comparem com o que acontece nas redondezas. Verifiquem com um vizinho se sua família está gastando mais do que a média, se afirmativo, verifiquem se há vazamentos, fugas de corrente elétrica, maus contatos. Se necessário corrijam os problemas rapidamente.

Façam uma campanha educativa e, preferencialmente, divertida com seus familiares, com o objetivo de diminuir o consumo desses serviços. Usem frase de efeito: "A luz que o filho apaga, o papai não paga.", "Banho longo, dinheiro curto.", "Ganhe mais mesada com a torneira fechada.", "Encha a carteira, fechando a torneira.", e assim por diante. Vocês podem criar cartazes, painéis, gráficos etc. O objetivo é educar, de forma lúdica, alegre e, se possível, engraçada.

E a conta do telefone celular? Esta pode ser reduzida com mais moderação no uso, falando só o essencial e deixando as longas e intermináveis conversas com os amigos para serem feitas pelos programas de uso gratuito existentes na internet.

Outra opção é verificar nas suas contas anteriores qual a quantidade de minutos totais utilizados, calculando uma média dos últimos meses. Estabeleçam como meta uma redução nesse tempo e contratem um plano adequado ao novo objetivo. Lembrem-se, planos aquém da necessidade fazem a família pagar por tarifas excedentes, que têm um preço unitário maior que a tarifa normal. Planos além da necessidade significam desperdício de dinheiro.

Outra saída é pesquisar, entre as operadoras de telefonia, aquela que oferece o mesmo pacote de minutos por um preço menor. Aproveitem a portabilidade numérica e troquem de operadora sem trocar de número. Privilegiem aquela que cobrar menores tarifas e oferecer serviço adequado.

Além disso, vocês ou seus filhos podem carregar um cartão para telefone público na carteira ou na bolsa e, em vez de usar o telefone móvel em todas as ocasiões, optar por um "orelhão", quando houver um por perto. Por que não?

Somem as contas de telefonia fixa e móvel, internet e TV a cabo. Façam os cálculos e descubram quanto a família gasta com comunicação em casa. Se necessário, tomem providências de enxugamento. Essas despesas podem ser reduzidas com facilidade. Prestem muita atenção às despesas mensais, elas mostram muito sobre o padrão de vida escolhido pela família. Não raro, elas, e apenas elas, ultrapassam a receita líquida mensal.

O enxugamento das despesas do dia a dia

Observando a planilha de despesas do dia a dia, é possível perceber que o valor médio do gasto é multiplicado pela sua frequência. Portanto, para enxugar esse tipo de despesa, diminuam o valor médio e vocês estarão diminuindo um dos fatores do produto. Outra saída é diminuir a frequência, ou seja, o outro fator da multiplicação. E, se quiserem mais eficiência no processo, diminuam ambos, o valor médio e a frequência. Será ótimo. Observem que não precisam abrir mão daquilo que gostam de fazer. Na maioria dos casos, reduzir a frequência e o valor médio do consumo é muito mais eficaz que suprimir totalmente o gasto de determinado item, pois vivemos melhor em um ambiente de prazer.

Uma das maiores despesas do dia a dia que observamos com nossos clientes é a conta do supermercado. Muitas famílias logo pedem socorro sobre esse item. A nossa recomendação inicial é parar de ir ao mercado para fazer a compra "do mês". Aumentem a frequência das idas ao supermercado e comprem apenas o que vão consumir entre uma ida e outra.

Preparem um cardápio semanal e adquiram apenas o suficiente para atender a ele. Vejam o que existe em produtos de higiene e limpeza e só comprem mais quando o item estiver acabando. Uma boa ajuda é deixar blocos de anotações em locais estratégicos da casa. Na cozinha, no banheiro, na sala de TV, na área de serviço, ao lado da sua cama. Lembraram-se de algo, anotem. Perceberam que um produto está acabando anotem e assim, ao chegar o dia de ir ao mercado, recolham as anotações e montem a lista.

Nessa hora é importante que a lista contemple a quantidade a ser comprada, pois dependendo da fome ou das carências de quem estiver fazendo a compra, a indefinição da quantidade poderá levar o comprador a exagerar na medida. A fim de facilitar para quem faz a compra, a lista pode ser feita obedecendo ao padrão das seções do mercado, a das frutas e dos legumes, a de material de limpeza, a de cereais, frios etc.

Para ajudá-los nessa tarefa, que tal contratar os serviços de um nutricionista? Vocês podem até questionar: mais um gasto? Estamos falando em contratar os serviços de um profissional que vai ajudar a sua família a reduzir despesas com o supermercado e ainda proporcionar-lhes mais equilíbrio físico e saúde para todos. Esse pode ser um ótimo investimento.

Essa atitude, para várias famílias, abaixou o valor da conta do mercado em aproximadamente 40% ao mês, valor mais que suficiente para pagar as consultas com o profissional de nutrição em apenas um mês. Muitos clientes não acreditaram nessa possibilidade e surpreenderam-se ao fazer a experiência. Façam um teste. Comprem apenas o que a família precisa, na quantidade exata. Transfiram a despensa da sua casa para o mercado mais perto de vocês. O Brasil não tem problemas de abastecimento, os preços estão estabilizados e não é lógico alguém ter vários itens em casa, guardados em armários, gavetas e prateleiras estando com a conta corrente negativa. Na maioria das vezes, os juros pagos por usar o crédito do cheque especial não compensam os ganhos obtidos por estocar um produto encontrado a preço mais baixo em uma promoção.

O estoque de produtos ainda contribui para o aumento de gastos, dá a sensação de que tudo está em abundância e isso leva você, seus familiares e empregados a consumirem mais e a desperdiçarem, simplesmente porque tem mais. Há, também, o risco de ter datas de validade vencidas e ser necessário jogar o produto fora.

Caso vocês errem e comprem menos que o necessário, não tem problema, retornem ao mercado e comprem o que precisam, se errarem por excesso, na semana seguinte não comprem o item que sobrou. Com o tempo, vocês ajustarão o seu planejamento e, em poucos meses, terão seu plano de compras adaptado à realidade de vocês. É fácil de fazer.

Outra despesa frequente, muito importante na vida de muitas famílias, é a conta do combustível. Para enxugá-la, que tal passar a adotar a carona solidária? Além de ajudar o bolso, isso poderá tirar um ou dois carros das ruas, contribuindo para a melhoria da qualidade do ar e do trânsito. Nas saídas curtas, experimentem ir a pé. Se morarem em uma pequena cidade, deixem o automóvel em casa e usem a bicicleta. Saiam do comodismo.

Ou então, que tal considerar a hipótese de mudar para perto do trabalho? Hoje, com o trânsito das cidades cada vez mais intenso e lento, não faz sentido gastar tempo demais para ir de casa para o trabalho e vice-versa. Além de lhes dar mais tempo para a família e os amigos, a mudança proporcionará a todos mais qualidade de vida. Assim talvez até possam dispensar o uso do carro. Dependendo da distância que vocês morem do trabalho, deixar de ter carro e usar táxi, todo dia, poderá ser muito mais econômico do que manter um veículo por todo um ano.

Pensem nos meses e nos anos seguintes

Atualmente, no mundo imediatista em que vivemos, as famílias querem soluções rápidas para seus problemas e desejos. Quando indicamos pensar nos meses e nos anos seguintes, mediante o planejamento das despesas futuras, a maioria das famílias dizem que não precisam pensar nisso e que na hora que a próxima despesa futura aparecer, darão um jeito. Na prática, querem tudo hoje e isso tem um preço muito alto, traduzido em pagamento de juros, isto é, construindo dívidas.

Estas nada mais são do que a antecipação de um momento. Se a família paga dívidas, significa que ela não está usando o tempo a seu favor e sim contra.

Isso dificulta a construção de boas reservas financeiras, que é feito com paciência e dedicação. Elas, juntamente com muitas outras questões na vida, necessitam de tempo, que é, na maioria das vezes, um ótimo remédio e uma alavanca maravilhosa.

Não importa em que mês vocês estejam lendo este livro, já existem contas no nome de vocês para os próximos anos, como vimos nas despesas futuras. Pode ser que as faturas ainda não tenham sido entregues, mas estão no nome de vocês. Isso é certo.

O grande detalhe é que podem usar o tempo a favor de vocês para pagá-las com folga, pensando à frente delas, como fazem os bons pilotos, que praticam a seguinte regra: "Não deixe o seu avião chegar a nenhum lugar aonde o seu cérebro não tenha chegado dez minutos antes". Então, coloquem o cérebro à frente das despesas também, por alguns meses.

Não importa quanto tempo falta para pagá-las. Planejem a despesa, cumpram o que foi planejado, mesmo que o pagamento mensal para isso, a princípio, seja alto. Entendam que é um primeiro planejamento e um começo de ajustes. Na data de realizar as despesas, paguem-as à vista e com descontos, já realizando algum lucro, por menor que seja. É apenas o início.

Assim que a compra ou o pagamento for realizado, planejem novamente a despesa para o período seguinte. Naturalmente, vocês planejarão valores maiores para as mesmas despesas, afinal a inflação existe em qualquer sistema econômico. Entretanto, vocês investirão, mensalmente, valores menores, uma vez que o número de meses até a nova ocorrência passará a ser maior que o do planejamento anterior. Comparem os dados das duas tabelas seguintes e confirmem o que explicamos.

Planejamento de despesas futuras: Ano 1

DESCRIÇÃO	DESPESAS FUTURAS								
	O PLANO DE VOO							O VOO	
	Alocação inicial	Custo total	Data do plan.	Data da exec.	Tx. de juros	Nº meses	Valor mensal	Valor mensal	Local
Material escolar	0,00	1.500,00	1º/09/2012	02/01/2013	0,55%	4	371,92		
IPVA	0,00	900,00	1º/11/2012	1º/04/2013	0,55%	5	178,03		
IPTU	0,00	1.000,00	1º/11/2012	1º/04/2013	0,55%	5	197,81		
IRPF	0,00	2.300,00	1º/11/2012	30/04/2013	0,55%	5	454,97		
TOTAL		5.700,00					1.202,73		

Planejamento de despesas futuras: Ano 2

DESCRIÇÃO	DESPESAS FUTURAS								
	O PLANO DE VOO							O VOO	
	Alocação inicial	Custo total	Data do plan.	Data da exec.	Tx. de juros	Nº meses	Valor mensal	Valor mensal	Local
Material escolar	0,00	1.650,00	02/02/2013	02/01/2014	0,55%	11	145,92		
IPVA	0,00	1.000,00	1º/05/2013	1º/04/2014	0,55%	11	88,44		
IPTU	0,00	1.200,00	1º/05/2013	1º/04/2014	0,55%	11	106,12		
IRPF	0,00	2.500,00	1º/05/2013	30/04/2014	0,55%	11	221,09		
TOTAL		6.350,00					561,57		

O resultado é que, em dado momento, no caso acima, a partir de maio de 2013, haverá um acréscimo de 11,40% do custo total dos projetos e uma redução de 53,31% do valor mensal a investir até a nova ocorrência das despesas. Façam a mesma coisa para todos os projetos futuros que vocês e sua família querem realizar, flexibilizem o tempo e percebam que vocês podem conseguir fazer muitas coisas e com custos reduzidos. Não é necessário abrir mão de nada, apenas adiar e usar o tempo a favor de vocês. Coloquem seus objetivos dentro da realidade da família e percebam que novas opções aparecem. Analisem as tabelas a seguir e tirem suas conclusões.

Planejamento de despesas futuras: tempo 1

| DESCRIÇÃO | DESPESAS FUTURAS ||||||| O VOO ||
| | O PLANO DE VOO |||||||||
	Alocação inicial	Custo total	Data do plan.	Data da exec.	Tx. de juros	Nº meses	Valor mensal	Valor mensal	Local
Aposentadoria	0,00	1.000.000,00	1º/09/2012	1º/07/2042	1,00%	358	292,05		
Troca do carro	0,00	30.000,00	1º/01/2012	1º/01/2017	0,55%	60	423,39		
Viagem à Europa	0,00	15.000,00	1º/04/2012	1º/12/2012	0,75%	8	1.826,33		
Compra da casa	0,00	200.000,00	1º/05/2012	1º/05/2028	1,00%	192	347,45		
TOTAL		1.245.000,00					2.889,22		

Planejamento de despesas futuras: tempo 2

| DESCRIÇÃO | DESPESAS FUTURAS ||||||| O VOO ||
| | O PLANO DE VOO |||||||||
	Alocação inicial	Custo total	Data do plan.	Data da exec.	Tx. de juros	Nº meses	Valor mensal	Valor mensal	Local
Aposentadoria	0,00	1.000.000,00	1º/09/2012	1º/07/2044	1,00%	382	228,59		
Troca do carro	0,00	30.000,00	1º/01/2012	1º/11/2019	0,55%	84	281,94		
Viagem à Europa	0,00	15.000,00	1º/04/2012	1º/11/2017	0,75%	60	198,88		
Compra da casa	0,00	300.000,00	1º/05/2012	1º/11/2028	1,00%	192	521,18		
TOTAL		1.345.000,00					1.230,57		

Aumentando o tempo para a aposentadoria, a troca do carro e a viagem à Europa, é possível conseguir manter o prazo para a compra da casa e aumentar o custo total desta em 50% (de 200 mil para 300 mil), com uma redução de valor mensal a investir de 43% (de 2.889,22 para 1.230,57). Essa é a força do tempo. Usem-a a favor de vocês.

Capítulo 11
Como sair do endividamento

Muitas famílias não conseguem realizar os planos do capítulo anterior, pois estão endividadas. Para sair do endividamento, o primeiro passo é admitir a situação para si mesmo. Em seguida, é necessário trabalhar alguns aspectos emocionais como frustração, sentimento de perda, vergonha, impotência e inabilidade de gerir a própria vida. Admitir um erro e aprender com as próprias falhas é fundamental. Só assim se cresce e se assume uma postura nova diante das finanças. Errando se aprende.

Muitas vezes, o erro é visto como humilhação, pois está associado a alguma situação constrangedora da infância. Errar é algo que faz parte da natureza humana e não é vergonha, especialmente quando a pessoa se importa com o erro e assume as consequências dele. É importante fazer essa diferença para ser capaz de admitir suas dificuldades sem perder a dignidade. Conseguir empréstimo para saldar uma dívida é um paliativo e não resolve verdadeiramente o problema. É importante fazer mudanças de hábito profundas e até procurar um acompanhamento especializado, se for preciso.

Dívidas financeiras e dívidas emocionais

Dívidas financeiras repetidas que se tornam um padrão de comportamento, um estilo de vida, geralmente estão ligadas a dívidas emocionais. Podem ser uma forma de punição: de autopunição ou de punição a alguém. Dessa maneira, constrói-se uma teia entre o devedor e o credor emocional, na qual ambos estão amarrados.

As dívidas emocionais não necessariamente levam o indivíduo a um endividamento financeiro, mas podem fazer com que ele não se sinta merecedor de uma vida boa e farta. A vida vai precisar ser dura e penosa, com pouco (ou nenhum) prazer. A pessoa não deve dinheiro, mas pode dever outras coisas: afeto, tempo, cuidados, atenção para os outros ou para si mesma. Esse é um mecanismo inconsciente de "pagar penitência" e fazer a vida ser mais sofrida do que de fato é. E tem a ver com um pacto de lealdade feito com a família: "Se a vida deles é dura, como a minha vai ser fácil?".

Ter dívidas financeiras pode também ser uma forma de estar "pagando por algo", uma maneira de se sacrificar por um privilégio que recebeu. Por exemplo, um filho caçula que foi muito mimado pelos pais e foi colocado em um "lugar especial" diante dos irmãos. Ele pode crescer sentindo-se em débito com esses irmãos, porque recebeu mais atenção e cuidados que os outros. Muitos indivíduos sentem-se em débito com os pais, a família, os amigos, a vida! E confundem gratidão com dívida! Gratidão é diferente de dívida. A pessoa pode sentir-se profundamente agradecida, sem se sentir em débito com ninguém.

Se vocês têm um sentimento de gratidão por alguém isso significa reconhecer tudo o que o outro fez por vocês e guardá-lo em um lugar especial em seu coração. Significa também lembrar da pessoa que lhes ajudou e do que ela fez com carinho e respeito. É ainda exteriorizar esse sentimento em forma de palavras e atitudes ou guardar esse reconhecimento em um lugar nobre dentro de cada um.

Sentirem-se devedores é outra coisa. É como se vocês tivessem de dar algo em troca para a pessoa que tenha dado-lhes um bem, ou ainda ter de retribuir da mesma maneira ou intensidade. Por exemplo, se uma pessoa ganha um livro de alguém sem "motivo" (porque não é nenhuma data especial), pode se sentir tentada a retribuir a gentileza, quase que imediatamente, com um objeto de valor similar ao do presente recebido, como tentativa inconsciente de se "livrar" do que recebeu. Isso sinaliza uma dificuldade de absorver o que lhe foi dado e é um jeito sutil de "devolver" o que recebeu.

Muitos indivíduos recusam ajuda para não "deverem um favor". Quando se sentem em débito com alguém, têm medo de ficar "na mão do outro" ou de serem manipulados por essa pessoa. Sentir-se devedor pode representar uma dificuldade, talvez oculta, em receber, que pode estar camuflada pelo comportamento perdulário. Pode sinalizar a impossibilidade em receber carinho e amor de forma incondicional, como um presente ou dádiva da vida.

Se existe o devedor de um lado, no outro ponto existe o credor. O credor emocional é aquele que sente que os outros, o mundo, devem a ele! Muitas vezes isso é algo da percepção interna da pessoa, dentro do que ela fantasia e deseja e não tem a ver com a realidade de fato. Isso significa que, frequentemente, ninguém deve nada a ela, mas ela sente que sim. Essa postura alimenta uma sensação de superioridade e de arrogância perante os outros e faz com que o indivíduo construa um mundo solitário para si, pois ele afasta os outros. Doar dá certo poder, pois quem doa concentra a força ou a ajuda em suas mãos. Dessa maneira, o recebedor fica em um lugar aparentemente mais frágil, pois precisa da doação que lhe será feita.

Todavia, por outro lado, o doador também precisa do recebedor. São formas distintas de dependência que um tem do outro, com necessidades complementares. Um precisa doar, controlar e se sentir forte. O outro precisa se sentir vulnerável e incapaz. O credor (que é o doador) vai precisar "comprar" o afeto, estabelecendo "requisitos" para o amor, pois, no fundo, não se sente verdadeiramente amado. Constrói uma ilusão de poder e de controle sob o outro, que depende financeiramente dele. Essas condições dão-lhe uma sensação de falsidade no sentimento, porque, se "não comprar um presente caro para o outro" ou "não pagar umas férias legais", será que ele vai ser amado? Ele não se sente amado pelo que é, mas pelo que "faz", pelo que "dá" ou pelo que "paga" ao outro.

Aqui é importante ressaltar a diferença que existe entre amor condicional e incondicional. Isso é construído na infância. O amor condicional refere-se ao afeto que vem acompanhado de alguma condição, que precisa estar presente para a pessoa receber o carinho. Por exemplo, o pai que fala para o filho: "Se você for obediente, vou amar você"; "Quando você se comporta mal, eu não gosto de você" etc. Dessa maneira, a criança não se sente profundamente aceita do jeito que é. É importante que os pais façam a distinção, para a criança, entre "o que ela é" e a "atitude dela". Assim: "Eu amo você, filho, do jeito que você é, mas não aceito esse comportamento seu" (quando a criança faz algo errado). Assim, ensina-se a criança a distinguir entre "ser e fazer", entre "ser e ter". No futuro, ela terá mais facilidade em discriminar outras coisas, como: "ser e merecer"; "querer e poder"; "precisar e desejar", conceitos estes muito importantes para gerir as finanças.

Perdoem as dívidas emocionais

Manter-se em um padrão de endividamento emocional é algo perigoso, porque passam a ser construídas situações de dívidas financeiras. Se fosse possível aos pais agir de modo diferente, eles certamente o teriam feito.

Guardar mágoas e ressentimentos, sentindo-se devedor, é uma forma de guardar lixo dentro de si. É o ponto detonador para construir outros tipos de dívida na vida, especialmente as materiais. Manter-se devedor é uma maneira de se conectar com a energia do apego e da pobreza. O remédio para isso é o perdão.

O que é o perdão? O perdão é como um desinfetante para a alma, algo que a limpa profundamente. Perdoar não é esquecer. Perdoar é ser capaz de se desligar do que lhes feriu, passando a lembrar da situação apenas como um fato da vida de vocês, sem sofrimento. É ainda ser capaz de lembrar de quem os agrediu, sem perturbação emocional; desconectar-se da experiência que rouba a energia de vocês e os paralisa;

impedir que aquilo que os machucou afete suas vidas e suas escolhas. É ser capaz também de deixar para trás e desapegar-se dos ressentimentos.

Um claro sinal de que ainda não perdoamos é o desconforto, físico ou psicológico, que sentimos quando nos lembramos da questão. Perdoar é fundamental para nosso alívio e nossa libertação.

O perdão precisa ser trabalhado em três esferas: autoperdão; pedir perdão e perdoar o outro. Assumir os atos e as consequências do seu erro é um importante passo para o autoperdão, bem como trabalhar na recuperação do que ou de quem foi lesado. Deixar quem o magoou fazê-lo, também. É muito importante deixar a pessoa assumir a reparação dos seus atos. Isso a ajuda a sentir-se em paz, não ter de amargar uma culpa e poder recuperar a própria dignidade.

Na Física, existe a Lei de Ação e Reação. Na vida também é assim: tudo o que vai, volta. O mal que fazemos volta para nós, o bem que fazemos também. Fazer o bem por medo não funciona. A atitude só não basta. É necessária a intenção, como um desejo profundo de colaborar. É com esse propósito de verdadeiramente querer ajudar que o comportamento chega até as pessoas.

O perdão é um processo: é preciso viver a raiva, a dor, a tristeza, os medos, para, então, conseguir a absolvição. Só assim se pode experimentar o alívio, a paz e a libertação que ele promove. Muitas vezes, é preciso começar esse caminho pedindo desculpas a alguém. Comecem por onde for mais fácil para vocês: pedindo perdão ou perdoando a si e aos outros.

Quem foi injustiçado se mantém ligado à pessoa que cometeu a injustiça. Exigir a reparação dos seus direitos é algo que beneficia a ambos, pois é uma forma de cortar a conexão dolorosa que ficou estabelecida entre as partes envolvidas. Muitas pessoas deixam de cobrar essa reparação porque sentem medo de ofender o outro. É importante, porém, pensar que isso é um ato de ajuda ao outro, ainda que ele não entenda ou não aceite (e fique com raiva), porque lhe dá a oportunidade de "pagar" pelo que fez e ficar livre para reconstruir sua vida e gerar riqueza. A raiva às vezes conecta mais as pessoas do que o amor. Ficar ressentido com alguém é uma forma inconsciente de se manter ligado a essa pessoa. O amor perdoa e libera o outro para seguir seu caminho.

Ações práticas para sair das dívidas

Muitas famílias não conseguem colocar o tempo e o dinheiro para trabalhar a favor delas por possuírem dívidas, que são todos os pagamentos ou obrigações que cobram juros de alguém. Por exemplo: o financiamento do automóvel e da casa, a compra parcelada que o comerciante afirma não ter juros ou as contas de telefone e luz que atrasaram. Assim, os recursos que a família perde ao pagar juros impedem-na de construir uma provisão financeira para o futuro. Assim, recomendamos que as dívidas sejam extirpadas o mais rapidamente possível.

Para isso é necessário entender aquela regrinha básica de "não gastar mais do que ganha" e entender que o endividamento começa com inocentes ferramentas, normalmente disfarçadas de benefícios, como as que seguem:

- Cheque especial
- Cartão de crédito
- Compras a prazo
- Empréstimos pessoais
- Empréstimos consignados em folha de pagamento
- Financiamentos em geral
- "Dinheirinho" emprestado com familiares, amigos e agiotas.

A primeira atitude a adotar é parar de fazer dívidas, parar de aumentar o montante delas, para depois eliminá-las e, por fim, virar um investidor. Considerem a necessidade de conversar sobre suas dívidas e o modo de resolvê-las com a família, buscar orientação com um consultor financeiro qualificado e, se necessário, procurar ajuda terapêutica.

Outra ação importante é colocar a criatividade para funcionar a fim de promover aumento nas receitas da família. Procurem descobrir quais são seus talentos e os de seus familiares, algo que vocês façam bem e sem esforço. Invistam nisso e melhorem sua renda, aumentem seu prazer, alimentem seus sonhos. Existem muitas oportunidades em todos os lugares, mas às vezes não as percebemos. Olhem as coisas por ângulos diferentes daqueles que vocês costumam olhar frequentemente e descubram as oportunidades à sua volta.

Outras saídas para o aumento de renda estão em procurar outro emprego que lhes pague mais ou realizar atividades extras. Podem ser aulas particulares, serviço de digitação, consertos, cuidados de crianças, doentes e idosos ou, até mesmo, um segundo trabalho formal, até o término das dívidas. Isso é possível. Se um dos cônjuges ou um filho adulto não trabalha fora de casa esse pode ser o momento de ajudá-lo a encontrar uma atividade laboral. Todo podem dar à família sua colaboração para colocar as finanças em ordem. Alguns podem achar que o emprego disponível não está à sua altura. Para isso, será necessário, como o poco diz, "deixar o orgulho de lado". O trabalho, qualquer que seja, dignifica a pessoa.

É essencial deixar claro que, muitas vezes, para quem não sabe administrar bem o orçamento, o aumento de receitas pode trazer acréscimo de despesas, mas vocês, que já leram este livro até aqui, com certeza estão interessados em resolver seus problemas. Então sigam em frente, incrementem a receita de vocês.

Para iniciar o processo de saída do endividamento, façam um balanço patrimonial, que é a soma de seus bens e direitos menos suas obrigações (dívidas). Ele tem por objetivo descobrir o tamanho do endividamento e sua gravidade, bem como construir uma estratégia para eliminá-lo. Ele vai colocar seus pés no chão e dar-lhes um choque de realidade, mostrando o tamanho das dívidas, inclusive aquelas que a emoção insiste em manter escondidas.

Na prática é listar, de um lado, bens e direitos, ou seja, tudo aquilo que pode ser transformado em dinheiro ou o que vocês têm a receber de pessoas físicas e jurídicas. De outro lado, listar as dívidas, dando todos os detalhes de cada uma.

Para isso, recomendamos o uso da planilha "Balanço patrimonial para eliminar dívidas", que pode ser baixada no *site* www.libratta.com.br. Como as planilhas de organização do orçamento, esta também é resultante da experiência e de ideias de vários consultores financeiros pessoais e de adaptações feitas por nós para atender às necessidades de nossos clientes.

Depois de listar os bens e as dívidas, verifiquem quais são as mais graves e quais são as menos graves para, evidentemente, pagar as mais graves primeiro.

Nossa experiência tem mostrado que, geralmente, as dívidas mais graves aparecem na ordem a seguir.

1. Agiotas sem amortização
2. Agiotas com amortização
3. Cheque especial
4. Cartão de crédito
5. As que comprometem mais de 10% das suas receitas mensais
6. As que apresentam a maior diferença entre o valor total da dívida e o saldo devedor
7. Consórcios

Entretanto, não há uma regra específica, cada caso é diferente do outro. Só vocês podem fazer essa tarefa pois saberão dizer onde o sapato aperta o pé de cada um. Depois de descobrirem quais são as dívidas mais graves e quais as menos graves, será preciso descobrir como fazer para pagá-las. Indicamos abaixo cinco ações básicas para isso:

1. Resgatar aplicações financeiras
2. Enxugar e cortar gastos
3. Vender bens
4. Trocar dívidas caras por dívidas baratas
5. Renegociar dívidas

As duas primeiras ações são mandatórias e devem ser seguidas à risca. Primeiramente porque não é lógico uma família ter dívidas e possuir aplicações financeiras. Os juros pagos pelas dívidas, raramente serão compensados pelos juros ganhos nas aplicações. E o enxugar e o cortar gastos devem ser feitos como um processo de ajuste das finanças, uma vez que, na maioria dos casos, o endividamento foi construído, lenta e silenciosamente, gastando-se mais do que se ganhava.

As demais ações podem ser tomadas de acordo com as especificidades de cada caso. Recomendamos a procura de um consultor financeiro especializado no assunto. Ele pode auxiliar a família a sair das dívidas a um custo-benefício muito favorável e de maneira eficiente.

Dediquem tempo para as finanças familiares

Imaginem-se com dois filhos e tendo vocês a obrigação de sair de casa, todos os dias, às 6 horas da manhã e retornar às 23 horas. Vocês teriam condições de cuidar deles? Cremos que não e achamos que, se houvesse uma chance, seus filhos iriam procurar por alguém que pudesse lhes dar atenção. E por não cuidar, vocês acabarão, talvez, tendo a necessidade de controlá-los.

Da mesma forma acontece com o dinheiro. Ele também gosta de cuidados e amor, como os filhos. E para isso ele exige tempo. Dito isso, perguntamos: quanto tempo, por semana, vocês dedicam ao cuidado financeiro de sua família? Provavelmente vocês responderão pouco ou quase nada. Esse tempo é suficiente para cuidar dele? Coloquem-se no lugar do dinheiro e, passando-se por ele, que recado vocês dariam à sua família reunida? Parem um pouco e reflitam sobre o que sua família ouviu. Agora respondam: se vocês fossem o dinheiro, tratado como vocês o tratam, você, dinheiro, ficaria com essa família? Ou procuraria outra que o tratasse melhor, com mais carinho e atenção?

Criem o hábito de cuidar, diuturnamente, do dinheiro de vocês. Deem tempo a ele. O trabalhador brasileiro gasta, em média, 40 horas por semana para fazer seu dinheiro. Que tal aplicar, semanalmente, 10% desse tempo para cuidar dele? Quatro horas por semana. Usem esse tempo para planejar compras de produtos e serviços, anotar e acompanhar seus gastos, estudar e informar-se sobre o mercado financeiro para investir com eficiência, planejar seu futuro e muito mais. Para isso, procurem planejar as tarefas diárias, organizar melhor a agenda e simplificar a vida. Trabalhem um pouco menos, passem menos tempo diante da TV, aceitem menos compromissos. Às vezes menos é mais.

Parem de controlar o dinheiro de vocês e passem a cuidar dele.

Capítulo 12
Aprendendo a investir

Para atingir seus objetivos financeiros, é fundamental contar com a juda de investimentos eficientes. Nosso objetivo neste capítulo é mostrar que existem regras simples para investir. Vamos nos ater a conceitos e não vamos discorrer detalhadamente sobre técnicas de investimentos nem descrever produtos.

Existem excelentes livros sobre os temas relacionados a esse assunto e muitas informações úteis nos *sites* dos bancos de varejo e de investimentos, de corretoras de títulos e valores mobiliários, das assoaciações de bancos, da Comissão de Valores Mobiliários (CVM) e do Banco Central do Brasil.

Para investir bem é necessário buscar conhecimento sobre o mercado financeiro e sobre vocês mesmos, fugindo das fórmulas prontas, que a maioria segue ou da "dica mágica" que vai tornar a família rica da noite para o dia.

É muito comum perguntarem-nos: "Qual é a melhor opção de investimento? Qual é a ação da vez? Onde coloco meu dinheiro?". Respondemos sorrindo: "Qual é o melhor carro?". Não dá para saber sem antes perguntar: "Qual o tamanho da família de vocês? O que vocês têm para transportar? Quanto tempo vocês ficarão com ele? Por que tipo de estrada rodam? Em qual velocidade costumam andar? De quanto dinheiro vocês podem dispor para comprar o carro? Quanto podem investir por mês para a manutenção, o IPVA e o seguro? Qual o nível de conforto que esperam?".

Da mesma forma, antes de algum profissional lhes indicar, com segurança e responsabilidade, um investimento, ele deverá lhes perguntar: que riscos estão dispostos a correr, qual o objetivo do investimento e qual a capacidade de poupança mensal. Será importante saber qual o estado geral de saúde de todos os membros da casa, se há dívidas, se vocês aceitam investir em outros bancos de varejo além daquele em que têm conta, se concordam em usar um banco de investimentos, uma distribuidora de valores mobiliários ou corretora. Também será fundamental saber qual o conhecimento geral do mercado financeiro que vocês têm, o tempo estimado para cada projeto de investimento, a idade do casal e o momento de vida em que a família se encontra.

Assim, sem conversar por algum tempo para levantar as informações necessárias, nenhum profissional sério indicará um investimento para vocês. Caso contrário, a chance de incorrer em grave erro e recomendar um produto completamente inadequado à família, deixando-a inquieta, nervosa ou mesmo frustrada, é muito alta.

Digamos que vocês aceitem correr riscos em busca de maior rentabilidade e, mesmo assim, lhes é indicada a caderneta de poupança. Vocês, muito provavelmente, poderão se frustrar com a rentabilidade. No outro extremo, é lhes recomendado um fundo de ações ou ações específicas de determinada empresa e vocês, que são avessos a riscos e, pior, desconhecedores dos mecanismos do mercado, poderão entrar em desespero quando, em certo dia, assistirem juntos ao noticiário da TV ou lerem um jornal.

Portanto, não aceitem indicações genéricas sobre investimentos, destas que ouvimos de vez em quando no rádio ou na TV ou mesmo em palestras: "A bola da vez, agora, é investir na XYZ S.A. e no fundo FIF RF LP" e vocês tenham ido na onda e tenham se aborrecido. Investimentos não são simplesmente números.

Investir é um aprendizado pemanente, tanto sobre o mercado, como sobre vocês mesmos. Exige leitura, tempo e atenção constantes. Infelizmente, ainda vemos pessoas dizendo assim: "Quando eu tiver muito dinheiro vou me preocupar em aprender sobre investimentos". Como tudo começa com "1", é pouco provável encontrar alguém que tenha muito dinheiro sem conhecimento financeiro.

E mesmo adquirindo bastante conhecimento sobre o mercado financeiro, ainda assim vocês poderão, em algum momento, se deparar com dúvidas. Independentemente do perfil da família de vocês, sempre haverá um produto financeiro eficiente que lhes atenda. Se não conseguirem achar, contratem a assessoria de um profissional qualificado. O número de consultores financeiros vem crescendo e está cada vez mais fácil contratar os serviços desses profissionais. Afinal, o que vocês fazem quando a saúde não vai bem? Vão se automedicar, estudar medicina ou procurar um médico?

Isso posto, discorremos sobre nossos conceitos de investimentos, traduzidos em dez regras básicas para investir.

Dez regras básicas para investir

1. Ter autoconhecimento

Para vocês se tornarem investidores de sucesso, além de conhecerem muito bem o mercado financeiro, é necessário antes de tudo conhecerem suas fraquezas e fortalezas, suas virtudes e seus vícios, seus medos e, principalmente, a bagagem emocional que carregam em relação ao uso e ao manejo do dinheiro. Percebam como vocês se comportam em situações de estresse. Analisem também o comportamento diante das perdas. Reflitam sobre a ansiedade que porventura sintam e percebam como reagem diante das frustrações que a vida lhes traz. O mercado financeiro tem normas e regras específicas e quem não está habituado a obedecer às regras com naturalidade e somente as cumpre quando está sendo fiscalizado, quem está sem paciência e com o nível de estresse e de ansiedade alto, quem lida mal com perdas e deixa-se levar pelas frustrações, terá poucas chances de sucesso nele. Para investir, o preparo emocional é tão importante quanto o preparo técnico. Conheçam-se para adequar seus investimentos à realidade de vocês, seja ela profissional ou familiar. Lembrem-se de que aquilo que é bom para uns pode não ser para outros.

2. Conhecer o mercado financeiro

Antes de entrarem no mercado, conheçam-o bem. Ele exige entendimento geral e específico, bem como estratégias diferentes para cada tipo de investimento, conforme o prazo, o objetivo e o perfil de cada família. O desconhecimento é o principal fator de risco para qualquer um. No início, pode dar um pouco de trabalho, pois é preciso entender termos fora do vocabulário cotidiano a que estejam acostumados. Contudo, à medida que vocês forem estudando e participando dele, tudo se tornará natural.

Mesmo que vocês venham a contratar um consultor financeiro independente para auxiliá-los, é necessário ter conhecimentos básicos para facilitar as tomadas de decisão, uma vez que o trabalho do consultor é, normalmente, de orientação. As decisões sempre serão de vocês.

Adquiram conhecimento para poder conversar de igual para igual com seu gerente de banco, que sempre vai lhes indicar um ou outro produto. Se vocês tiverem conhecimento, poderão avaliá-los e aceitá-los se, e somente se, as condições lhes forem realmente favoráveis. Informem-se, leiam os prospectos e os regulamentos, analisem os demonstrativos financeiros e façam comparações entre todos os investimentos que queiram lhes oferecer. Protejam seu dinheiro com conhecimento. A responsabilidade é de vocês.

3. Formar uma reserva de liquidez

A reserva de liquidez é um volume de recursos aplicado exclusivamente em produtos de renda fixa, equivalente a, pelo menos, 12 vezes a renda mensal de vocês. Só depois de formar essa reserva é que vocês deverão ousar com o capital poupado, ou seja, aplicar em ações e em fundos de ações, comprar imóveis, contratar seguros e previdência. Faça essa reserva de liquidez destinando dinheiro aos planos e prazeres futuros. Juntem dinheiro para a aposentadoria, a troca do carro, a viagem de férias, a festa de aniversário dos filhos etc. Parte desse dinheiro, até um limite de 12 vezes o ganho mensal da família, deverá ser aplicado, exclusivamente, em produtos de renda fixa. Se, porventura, vocês precisarem de recursos para algum problema que possa ser resolvido com dinheiro, lancem mão dessa reserva e mudem os planos traçados. Resolvida a questão, refaçam a reserva de liquidez.

Para quem quer investir em renda variável essa reserva de liquidez é fundamental. Na última queda dos mercados, vimos pessoas vendendo suas posições quando deveriam mantê-las, ou melhor ainda, aumentá-las. O motivo para a saída foi simples: passaram a ter necessidade de dinheiro e não tinham a reserva de liquidez necessária para fazer frente às suas necessidades. Perderam grandes somas de dinheiro e oportunidades de gerar mais ainda.

4. Analisar os riscos

É importante analisar os riscos do produto e o retorno esperado. O risco é definido pela incerteza de retorno de um investimento perante a possibilidade de um evento, futuro e incerto, que foge à vontade do investidor e que, se ocorrer, poderá ocasionar prejuízos. Os riscos são, normalmente, associados às variações dos preços do investimento, de modo que, quanto mais esse preço variar, maior será o risco. Também estão relacionados à segurança econômica que cada investimento oferece e aos fatores que possam influenciar o resultado futuro do produto escolhido. Diante disso, é necessário enfatizar que rentabilidades passadas não são certeza de rentabilidades futuras.

Todos os produtos têm riscos, mesmo aqueles mais tradicionais e considerados seguros, como os produtos de renda fixa, a exemplo da caderneta de poupança. Imaginem que vocês apliquem determinada quantia na poupança, que lhes permita comprar mil unidades de abacaxi (o nosso indexador) e, dez anos depois, tendo multiplicado seu capital, você só possa comprar 990 unidades do mesmo abacaxi. Nesse caso vocês foram atingidos pelo risco da perda do poder de compra (PPC). Esse risco é maior quanto maior for o tempo do investimento, porque, no longo prazo, não é possível prever quais serão a taxa básica da economia e a inflação, fatores que influenciarão no rendimento dos investimentos escolhidos e nos preços dos produtos.

Agora, imaginem que vocês aplicam determinada quantia em um fundo de renda variável, como um fundo de ação, por exemplo. O capital aplicado permite-lhes comprar mil unidades de abacaxi (o nosso indexador) e, dois anos depois, vocês só têm capital suficiente para comprar duzentas unidades. Nesse caso vocês foram atingidos pelo risco da volatilidade. Esse risco é menor quanto maior for o tempo do investimento, porque, no longo prazo, existem no mercado de renda variável perspectivas de ganhos superiores aos da renda fixa. Essa expectativa ocorre porque a população cresce, as empresas crescem, as economias crescem, mesmo havendo crises pelo caminho. O gráfico a seguir exibe a correlação inversa entre os riscos de perda do poder de compra (PPC) e o de volatilidade.

Correlação PPC e volatilidade

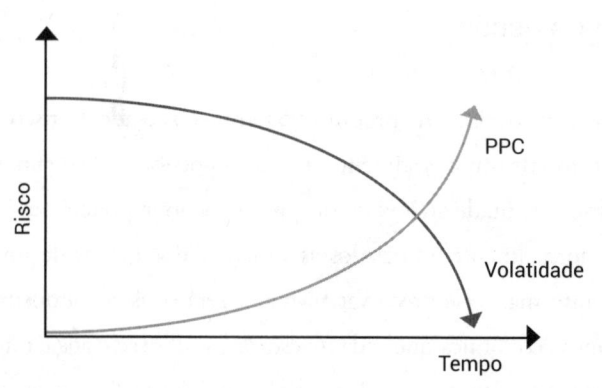

Portanto, investimentos com volatilidade alta, como as ações e os fundos de ações, são para horizontes de tempo longos. Já os de baixa volatilidade, como os fundos de renda fixa, os CDBs e a caderneta de poupança, são para horizontes de tempo curtos. Essa é uma regra básica para minimizar os riscos. É interessante observar que boa parte dos investidores aumenta muito o risco de seus investimentos, invertendo essa condição. Aqueles que querem retorno de longo prazo se utilizam de produtos de renda fixa, que têm risco de perda do poder de compra para períodos de tempo maiores. E os que desejam retorno de curto prazo aplicam em produtos de renda variável, que têm alto risco de volatilidade para pequenos períodos de tempo.

Vocês também podem reduzir os riscos diversificando os investimentos, mas lembrem-se de que diversificação é para quem já formou uma reserva de liquidez. Até formá-la, concentrem seus investimentos em poucos produtos para poder buscar soluções mais eficientes, com as taxas de administração mais baixas. Algumas pessoas recomendam diversificar tanto quanto possível, mas nós não concordamos. Vocês acabarão perdendo o foco de seus investimentos e tendo trabalho extra para cuidar deles. Além disso, chega uma hora que diversificar demais de nada adianta, pois, por mais que se faça isso, os riscos não podem ser de todo eliminados.

Entre os diversos riscos do mercado, existem os diversificáveis e os não diversificáveis. Destes, apenas o primeiro tipo pode ser eliminado. O que garante isso é a diversificação dos ativos que compõem a carteira escolhida, o que lhes protege das mudanças de preços, que acontecem em virtude de circunstâncias especiais e em momentos específicos, fugindo à expectativa do mercado.

Por sua vez, o risco não diversificável é aquele que não conseguimos reduzir ou eliminar. Com a globalização dos mercados, dois papéis de empresas e países diferentes podem ser afetados pelo mesmo fator, como uma alta dos juros ou do preço do petróleo, por exemplo. Somam-se a isso os aspectos políticos, sociais ou econômicos do mundo, do país ou de um setor da economia, ou ainda os fatores que alteram o comportamento da maioria dos investidores. Assim, mesmo que vocês aumentem o número de ativos do portfólio de investimentos que têm, não eliminarão os riscos. Portanto, não há aplicações sem risco. Vejam no gráfico a seguir as explicações para isso.

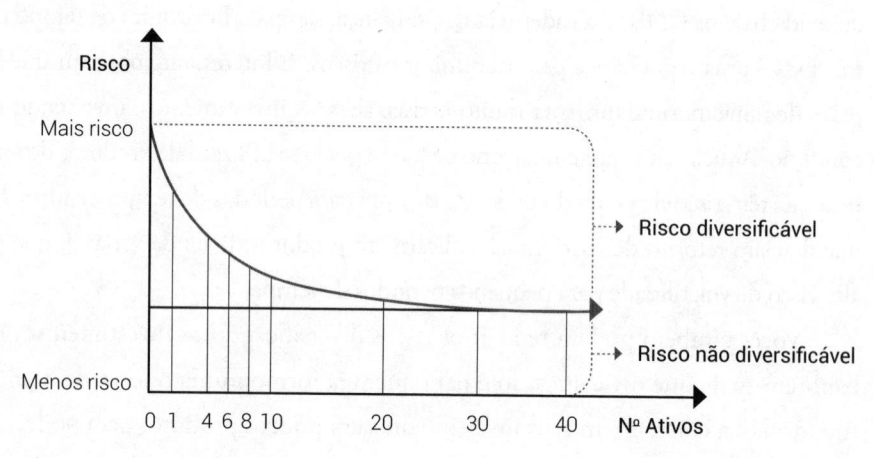

Diversificação

```
Risco
│
Mais risco ┊
           ┊╲
           ┊ ╲
           ┊  ╲
           ┊   ╲_____→ Risco diversificável
           ┊    ╲___
           ┊        ╲_____
           ┊─────────────────────────────→ Risco não diversificável
Menos risco┊
           └─┬─┬─┬─┬──────┬──────┬──────→
             0 1 4 6 8 10  20    30    40   Nº Ativos
```

Diversificar não é pulverizar e nem simplesmente aplicar o dinheiro em dez fundos diferentes no mesmo banco. Percebam o que lhes dá confiança e conforto, minimizando o trabalho e otimizando o tempo. Se possível, distribuam os ativos entre diferentes produtos, instituições, moedas e mercados. Não fujam do risco: a princípio, quanto mais conhecimento do mercado e de si mesmos vocês tiverem, maior será a capacidade de arriscar. E isso costuma premiar aqueles que sabem ousar, na hora e na medida certa. Há investidores que evitam com tanta ênfase o risco que não correm, sequer, o risco de ganhar dinheiro.

5. Investir com regularidade

O mercado financeiro não é loteria. Quem aposta geralmente perde. Quem investe geralmente ganha. E quando se tratar de investir, procurem agir com regularidade, quer chova ou faça sol. Isso tem uma força fantástica. Imaginem a seguinte situação: vocês investirão regularmente, em determinado fundo, R$ 1.000,00 por onze períodos. Vocês têm dois fundos para escolher, o Fundo A ou o Fundo B, ou podem ser, também, a Ação A ou a Ação B, tanto faz. Imaginem que tenhamos "bola de cristal" e esta lhes diga que o Fundo A, que sempre foi estável, vai subir continuamente e vai crescer 90%. O Fundo B, que sempre foi muito volátil (instável), vai cair mais de 50%, vai se recuperar e voltar aos patamares anteriores, ou seja, o crescimento, no período, será de 0%. Vejam o gráfico.

Rentabilidade dos Fundos A e B (simulação)

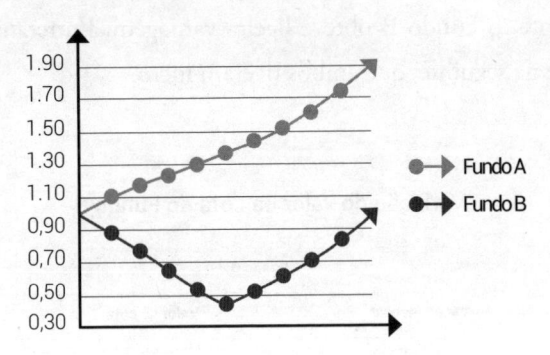

Variação do valor da cota do Fundo A

	Fundo A		
Mês	Aplicação mensal	Valor da cota	Cotas
0	1.000,00	1,00	1.000,0000
1	1.000,00	1,10	909,0909
2	1.000,00	1,17	854,7009
3	1.000,00	1,23	813,0081
4	1.000,00	1,30	769,2308
5	1.000,00	1,37	729,9270
6	1.000,00	1,44	694,4444
7	1.000,00	1,52	657,8947
8	1.000,00	1,62	617,2840
9	1.000,00	1,74	574,7126
10	1.000,00	1,90	526,3158
		Total de cotas	8.146,6092
		Valor da cota	1,90
		Total financeiro	R$ 15.478,56

A maioria das pessoas (95%) escolhe o Fundo A. Isso se dá por uma pequena falta de atenção aliada à falta de conhecimento. Observem que dissemos que "vocês investirão regularmente". Pois bem, à medida que o Fundo A foi se valorizando, vocês foram comprando, mensalmente, um número menor de cotas. O inverso aconteceu no Fundo B. Em ambos os casos, multiplicando o total de cotas adquiridas pelo valor final da cota, o Fundo B obteve ligeira vantagem. Entretanto, observem, na tabela anterior e na seguinte, que ambos tiveram lucro.

Variação do valor da cota do Fundo B

Mês	Aplicação mensal	Valor da cota	Cotas
	Fundo B		
0	1.000,00	1,00	1.000,0000
1	1.000,00	0,89	1.123,5955
2	1.000,00	0,78	1.282,0513
3	1.000,00	0,66	1.515,1515
4	1.000,00	0,53	1.886,7925
5	1.000,00	0,45	2.222,2222
6	1.000,00	0,51	1.960,7843
7	1.000,00	0,61	1.639,3443
8	1.000,00	0,72	1.388,8889
9	1.000,00	0,84	1.190,4762
10	1.000,00	1,00	1.000,0000
		Total de cotas	16.209,307
		Valor da cota	1,00
		Total financeiro	R$ 16.209,31

Analisando o gráfico e as tabelas, podemos concluir que, se vocês investem regularmente, não importa o que acontece com o mercado. Se subir, vocês ganham;

se cair e, em dado momento, voltar aos patamares iniciais, vocês ganham ainda mais. Não temam, muita gente perde dinheiro no mercado financeiro porque, ao primeiro sinal de queda, para de investir, ou pior, sai de sua posição, amargando prejuízos homéricos.

É interessante citar que, em momentos de crise, para alguém vender suas posições, é necessário ter outro para comprá-las. Será que os poucos, que nessa hora compram, são loucos ou sabem algo que os que vendem não sabem?

Contudo, se vocês fossem investir, uma única vez, um capital já formado, por exemplo, R$ 100.000,00, vocês só teriam uma opção: seria mandatório escolherem o Fundo A. Neste caso, vocês sairiam, ao final de dez períodos, com R$ 190.000,00, contra os mesmos R$ 100.000,00 no Fundo B. Logo, se o investimento for único, ou sem regularidade, escolham produtos de renda fixa e usem parte da rentabilidade conseguida para aplicar, regularmente, no longo prazo, em produtos de renda variável.

Frequentes perdas de dinheiro no mercado financeiro têm a ver com a não observância dessa estratégia. Muita gente coloca todas as suas economias em um produto de investimento muito volátil, objetivando obter ganhos rápidos, enquanto aplica regularmente pequenas quantias mensais em fundos conservadores, com a intenção de obter ganhos no longo prazo. Inverta essa ideia, faça diferente e enriqueça.

6. Pensar no longo prazo

A maioria das pessoas só consegue pensar no curto prazo, ou seja, ser imediatista. Esse é um pensamento pobre. No livro *As 10 principais diferenças entre os milionários e a classe média*, Keith Cameron Smith descreve o pensamento das pessoas muito pobres como voltado para cada dia; o das pobres, para cada semana; o da classe média, para cada mês; o das pessoas ricas, para cada ano; e o dos milionários, para cada década. Se você quer ter sucesso financeiro, pense no longo prazo e você ganhará mais. A razão é simples, o tempo, nas fórmulas de cálculos de valores futuros, aparece no expoente.

7. Pensar em segurança

Na hora de investir, jamais coloquem o dinheiro de vocês nas mãos de terceiros. Desconfiem de pessoas que lhes peçam dinheiro para investir em nome de ouros, em troca de rentabilidades superiores à média do mercado. Lembrem-se: o dinheiro de vocês deve permanecer sempre aplicado no nome de vocês, independentemente do mercado ou produto para onde ele vá. Isso os poupará de muitos aborrecimentos futuros.

Não acreditem que uma pessoa possa ser boa em tudo. Um pensamento, do tipo "se fulano é um bom empresário, deve ser também um bom investidor, vou seguir seus conselhos", requer cuidado. Também não se deixem levar pelas aparências. Muitos golpistas apresentam-se impecavelmente vestidos e em escritórios luxuosos.

Não depositem confiança excessiva em gerentes de bancos, corretores e vendedores, que oferecem produtos ou serviços aparentemente rentáveis e que, com o passar do tempo, revelam-se pouco eficientes ou deficitários. Confiram as operações bancárias solicitadas, os extratos e todos os documentos de suas operações financeiras.

Desconfiem dos ganhos fáceis. Não existem investimentos que paguem muito mais que os outros, por muito tempo e para muita gente. Se alguém, algum banco ou instituição atrair vocês com a promessa de ganhos extraordinários, liguem o "desconfiômetro". Fiquem alertas também quando uma instituição exigir menos de vocês do que as outras.

Atentem para os parâmetros legais e fiscais dos investimentos. Busque sempre informações em órgãos competentes sobre as pessoas ou as instituições com as quais pretendam fazer algum negócio ou investimento. O excesso de confiança, aliado à ingenuidade levam investidores pouco experientes a ousar muito e a perder parte do capital na tentativa de obter lucros rápidos.

8. Maximizar a rentabilidade

Para maximizar a rentabilidade dos investimentos escolhidos, vocês devem procurar diminuir três fatores fundamentais: a inflação, os impostos e as taxas.

- **A inflação:** muita gente pode pensar que não temos ação sobre a inflação. Individualmente, não temos, mas se juntarmos forças e boicotarmos, coletivamente, os produtos que estão caros e os estabelecimentos que abusam dos aumentos de preços, conseguiremos baixar a inflação, o que aumentará nosso poder de compra, incrementando, indiretamente, a rentabilidade de nossos investimentos.
- **Os impostos**: antes de investirem, estudem a tributação dos investimentos que vocês estão escolhendo e a comparem com a de outros, para optarem por aquele que se mostrar mais rentável após o desconto dos impostoso. No Brasil os impostos variam em função do tipo de produto e do tempo de investimento. Há também alguns produtos financeiros livres de impostos, total ou parcialmente. Informem-se.
- **As taxas:** as taxas têm impacto direto na rentabilidade dos investimentos de vocês. Quanto maiores as taxas pagas, menores serão as rentabilidades. Elas podem ser de administração, de *performance* (ou de desempenho), de carregamento (ou de entrada) e de saída. Nem todos os fundos cobram todas essas taxas, por isso, é fundamental a leitura dos prospectos e dos regulamentos dos fundos, para garantir uma escolha eficiente.

9. Fazer comparações

É importante fazer comparações entre os diversos produtos disponíveis no mercado antes de optarem por algum deles. Utilizem-se das rentabilidades passadas e comparem-as entre si e com algum índice de referência do produto em questão *(benchmark)* ou com um indexador da economia. Pode ser o CDI, o índice Bovespa, ou mesmo a caderneta de poupança. É também indicado comparar com produtos similares de outros bancos e de outros mercados. Aliás, se vocês encontrarem produtos melhores na concorrência, tomem a iniciativa e mudem. Não esperem que alguém vá lhes avisar, especialmente o gerente do banco que frenquentam.

10. Praticar a "Regra do Mineiro"

Conhecemos um senhor de Minas Gerais, muito simples, com apenas poucos anos de escola, mas muito sábio, com enorme conhecimento de negócios e investimentos. Ele trabalhava com afinco e era um observador atento da vida, da natureza e dos homens desde pequeno. Uma pessoa muito rica. Ele tem dinheiro, amor, amigos, bens, saúde e uma grande família, já com bisnetos. Certo dia, em uma roda de amigos, ao ser perguntado sobre o segredo da sua riqueza financeira, respondeu: *"É simpres, quando tá barato nóis compra, quando tá caro nóis vende!"*. Ao que perguntamos: "O quê?". E ele respondeu: "*Quarque* coisa, uai!". E completou: "Pedra, carro, terra, boi, tijolo, porco, pasto, casa, ação...".

Sem apagar as imagens dos grandes mestres que tivemos na vida, não recebemos ensinamento mais prático e com demonstração de resultado mais real. Passamos a chamar esse ensinamento de a "Regra do Mineiro".

Pratiquem-a em todos os investimentos que fizerem: quando estiver barato comprem, quando estiver caro vendam. Mantenham essa ordem. Entretanto, é bom lembrar que não é para ficar pulando de galho em galho. Muitas pessoas, principalmente aquelas com pouco conhecimento do assunto, acreditam que, se ficarem "comprando" na baixa do mercado de ações e "vendendo" na alta, ficarão ricas rapidamente. Alguns indivíduos fazem essa operação até diariamente, chamada de *daytrade*. Pesquisas mostram que quem está no mercado de ações, comprando e vendendo com frequência, acaba perdendo dinheiro. Quem mantém suas posições na estratégia de comprar sempre, a mesma ação ou fundos, no longo prazo geralmente atinge melhores resultados. Se isso funcionasse, a maioria dos operadores da bolsa de valores seriam milionários.

Capítulo 13
Planejando o futuro financeiro da família

Evitem o empobrecimento cruzado

Augusto Sabóia descreve um fenômeno que acontece em algumas famílias, chamado de "empobrecimento cruzado". Acontece da seguinte maneira: o pai disponibiliza parte da sua renda, por exemplo, 25%, para dar ao filho todo mês, pois ele está desempregado ou não ganha o suficiente para se manter. Esses 25% são a sobra (nem sempre) do orçamento do pai, que ele poderia aplicar em um bom investimento de longo prazo, o que daria a ele, no futuro, um rendimento na velhice. Dessa maneira, o pai não junta nenhum dinheiro, pois, ao dá-lo ao filho, vive sempre no limite dos gastos financeiros, mantendo-se "pobre". Esse valor, 25% dos rendimentos do pai, é pouco para o filho, e não é suficiente para que ele também invista. Assim:

Empobrecimento cruzado (de pai para filho)

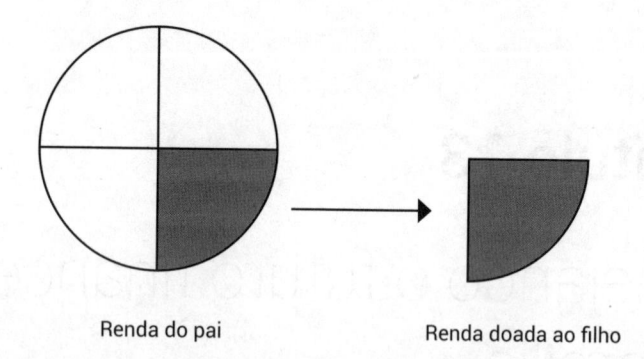

Renda do pai — Renda doada ao filho

O filho melhora de vida, mas não cresce financeiramente e continua recebendo a "ajuda" do pai. Dessa maneira, pai e filho permanecem no mesmo patamar financeiro, sem construir riqueza financeira para o futuro. Um dia, chega a velhice desse pai, que não fez reserva de dinheiro para essa fase da vida. E agora ele precisa de ajuda financeira do filho.

Empobrecimento cruzado (de filho para pai)

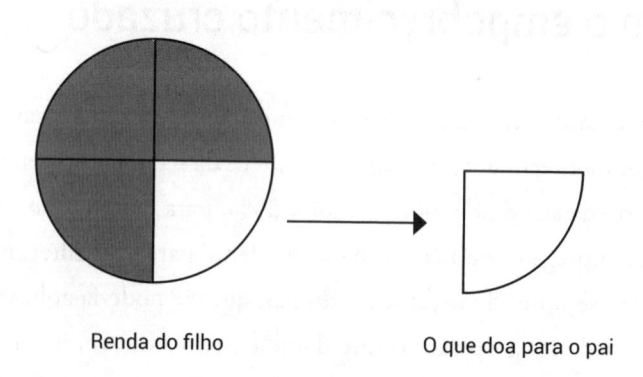

Renda do filho — O que doa para o pai

O filho já constituiu família e tem muitos gastos, mas precisa amparar o pai. Então, colabora também com 25% dos seus rendimentos. E também não investe nada, porque não sobra! Fecha-se, assim, um ciclo que se repete e se retroalimenta! Vamos torcer para o neto quebrar esse padrão! Os fatores emocionais que levam a essa dinâmica são muitos. Pai e filho fazem um "pacto não verbal" de ficarem ligados pelo "aperto financeiro".

Muitas vezes, cuidar dos pais na velhice pode ser uma maneira de resgatar o afeto e a intimidade com eles. Muitos não puderam dar porque não receberam. Então, receber dos filhos pode significar um ato de perdão, de generosidade e de amor, rompendo-se uma cadeia, por vezes longa, de desrespeito e falta de carinho.

Há casos de sentimentos de vingança, por parte dos filhos, em relação aos pais. A vingança abre duas covas: uma para os pais, que sofrem em ver que o filho não deslanchou na vida, e outra para o filho, que também sofre por não conseguir construir uma vida legal para si. Desenrola-se uma comunicação, consciente ou inconsciente, do filho para os pais, assim:

- "Eu até quero me dar bem na vida, mas como isso vai deixar você feliz, eu não o faço."
- "Você vai ter de me aguentar e pagar as minhas contas!"
- "Você vai ter de pagar (com dinheiro) por tudo o que você me fez ou não fez! Por isso, eu não trabalho (ou o meu dinheiro nunca dá) e você vai ter de me bancar."

São filhos adultos que se tornaram "incapazes" de se sustentar. Essa rebeldia dos filhos ora é passiva, sutil, não declarada, ora é explícita e agressiva. Nesse jogo, os dois saem perdendo: o filho deixa de viver uma vida autônoma e vibrante, os pais deixam de usufruir do que conquistaram e de ter paz de espírito. No fundo, é uma atitude não inteligente, não racional e totalmente emocional.

Espera-se que os filhos cresçam e tornem-se independentes dos pais, do ponto de vista emocional e econômico. Quando o filho não segue esse curso natural, isso está denunciando algum conflito na relação com os genitores. Como já foi dito, às vezes os pais não deixam o filho partir porque têm muito medo do abandono e precisam inconscientemente infantilizar o filho. Não tem a ver com as crises de mercado, do país ou com o desemprego. Deixar os filhos serem independentes é aceitar não ser mais necessário e lidar, muitas vezes, com sua ferida de abandono. Outras vezes os filhos não têm permissão dos pais para superá-los.

Têm medo de, em vez de gerar orgulho, despertar inveja neles. A confiança no amor incondicional dos pais é a mola propulsora para o sucesso. Se o filho cresce com uma crença de que "ele pode se desenvolver profissionalmente no caminho que escolher" e que sempre terá o afeto e o apoio dos pais, ele poderá chegar ao topo!

Reproduzimos com nossos filhos a relação que tivemos com nossos pais, com um verniz de atualização. Por isso é tão importante limpar e curar as feridas que temos com nossos genitores. Do contrário, tendemos a perpetuar a cadeia de mal-entendidos e sofrimento.

Não aceitar nenhuma ajuda dos pais também pode ser um jeito de dizer "eu não quero nada de vocês", "não preciso de vocês, nem de ninguém". Isso se dá pelo ressentimento. Ninguém tem paz de espírito com essa postura, ainda que tenha conseguido muito dinheiro. Em geral, esse indivíduo é capaz de construir fortuna material, mas não consegue se abrir para amar e confiar. Tem dinheiro e um vazio no peito. Não usufrui de relações calorosas de afeto. Às vezes, pode sentir culpa por possuir mais dinheiro do que os menos favorecidos. Ou, ainda, pode ser capaz de uma frieza relacional imensa.

Quando sente muita raiva dos pais, a tendência da pessoa é jogar isso para o mundo e/ou para cima de si própria. Assim, vai se machucar, escolhendo coisas destrutivas para si. Endividar-se pode ser uma dessas coisas, um jeito inconsciente de se vingar deles: "Olhem como vocês foram péssimos pais, não me ensinaram a ter uma vida decente!".

Os pais não têm a intenção de ferir os filhos. Fazem-no como uma reprodução. Repetem com a prole o que os próprios pais fizeram com eles. Isso pode parecer um absurdo, mas infelizmente é o que acontece. Todo pai violento, exigente, distante etc. foi tratado assim por alguém. As crianças e, muitas vezes, os adolescentes, gritam: "Quando eu for pai/mãe nunca vou fazer isso com meu filho!". E, se não fizerem um profundo trabalho pessoal de mudança e de cura das suas feridas emocionais, farão exatamente o mesmo, com uma camada de modernidade. Filhos que apanharam juram que nunca baterão em seus filhos. E batem. Filhos que tiveram pais ausentes juram que serão presentes, e se ausentam. Às vezes de forma mais sutil, menos intensa, mas produzindo o mesmo resultado de insatisfação ou desamor nos filhos (ou baixa estima). Em suma, aprendemos com o modelo, com a repetição. Então, para mudar, precisamos de modelos novos, de muitas repetições do comportamento desejado até este ser instalado internamente. Se não nos dispusermos a mexer na bagagem de origem, que é todo o processo de educação que recebemos dos nossos pais e da sociedade, é provável que cresçamos até certo ponto e depois estacionemos, como um computador que trava.

Muitos filhos têm medo de perder o amor e o apoio dos pais se ficarem independentes financeiramente. Dessa maneira, optam, inconscientemente, por não amadurecer, continuando infantis e dependentes, inclusive economicamente. É claro que, conscientemente, todo mundo quer se desenvolver e ser feliz na vida. Às vezes, porém, o medo de crescer fica bem escondido dentro da pessoa, porque ela aprendeu a ver o mundo como um lugar muito mau, onde ela não pode confiar em ninguém. Ou que ser adulto é muito difícil e chato: significa ter uma vida só de responsabilidades.

Os pais precisam trabalhar a autonomia dos filhos desde cedo, estimulando-os a crescer. Ser adulto é muito bom, é ser dono da própria vida e poder fazer o que quiser. É ser livre para ir em busca do seu prazer, assumindo responsabilidade pelos seus atos. Essas pessoas infantis, quando se casam, apenas trocam de cuidador. Antes era o pai ou a mãe, agora é o marido ou a mulher, mas continuam tão dependentes como eram quando crianças.

Ser dependente financeiramente, já adulto, é um jeito de continuar infantil, emocionalmente falando. Isso não tem a ver com a idade cronológica. A pessoa fica como uma criança, regredida, na fase oral, que é a fase da amamentação, na qual é totalmente dependente de cuidados para sobreviver. A pessoa cresce e depois continua querendo "mamar em alguém". Muitas vezes, esse indivíduo tem um sentimento de que o mundo lhe deve algo. O mundo pode ser: o pai, que não lhe deu boas escolas; o marido, que investe mal; a esposa, que gasta demais; o patrão, que lhe paga mal; o governo, que cobra muitos impostos etc. A responsabilidade por ela não ter mais dinheiro é sempre do outro. Olhar para si e descobrir seus boicotes internos para enriquecer é um desafio.

Às vezes, acontece o oposto: a pessoa sente dificuldade em aceitar dinheiro dos pais ou de outros. Em um nível inconsciente, aceitar a ajuda financeira dos pais significa consentir na reparação, perdoá-los ou admitir que precisa deles. Depender deles, em algum nível, pode significar "ficar na mão" do outro. Essa pessoa tem como lema: "Nunca! Morro, mas não peço". Tem um orgulho ferido: "Nunca mais vou precisar de vocês!". Porque precisou e não foi atendida, muitas vezes foi humilhada. E desenvolveu uma defesa de arrogância e autossuficiência que a coloca em um patamar ilusoriamente acima dos outros, um lugar de muita solidão. Não aceitar a ajuda financeira deles pode ser um jeito de manter o ressentimento, pelo cuidado e afeto que faltaram. Pode ser um jeito inconsciente de se vingar dos pais.

As famílias possuem um sistema de contabilidade, e cada uma tem seu método. É uma contabilidade não só de dinheiro, mas especialmente de tempo, afeto, cuidados, elogios, atenção, castigos, brigas. E cada membro possui ainda o próprio sistema de contabilidade. Imaginem a confusão! Quem deu mais para quem: como, quando e onde. Quem deve a quem?

Os filhos tendem a se comparar entre si e, geralmente, ficam muito competitivos. Essa competição muitas vezes é estimulada pelos próprios pais, por meio de comparações.

- "Olhe como a sua irmã é obediente, organizada."
- "Por que você é assim tão lenta? Seu irmão já teria terminado isso!"

A intenção dos pais, geralmente, é boa. Eles desejam estimular o filho a se superar. Muitos filhos, porém, recebem isso de forma negativa, como uma crítica ou como uma maneira de os pais preferirem o jeito do outro filho. Não se sentem aceitos e amados. Infelizmente essa rejeição, frequentemente, é verdadeira. Às vezes, os pais têm preferência pelo outro filho mesmo. A criança sempre sente isso, mesmo que não seja dito claramente.

Essa situação remete-nos aos mitos que existem nas famílias, que são muitos. Um deles é de que os pais amam os filhos de forma igual. Isso é impossível. O amor é uma experiência única. Vivemos uma experiência de amor com cada filho, ou não. Cada um é um, e a relação que o genitor estabelece com seu rebento e vice-versa é única também.

Entretanto, o que isso tem a ver com as finanças? Muitos filhos preteridos sentem-se desafiados a enriquecer e a mostrar aos pais que venceram, especialmente quando dinheiro é uma coisa importante na família. Ou o contrário: permanecem dependentes, pobres, como uma forma de fazer seus pais pagarem pelo amor que não lhes deram, ou que supostamente deram apenas aos demais filhos.

Dar dinheiro pode colaborar no aumento da autoestima dos filhos, no sentido de criar facilidades para eles crescerem mais e terem acesso a coisas de boa qualidade. Por outro lado, também pode criar preguiça e acomodação neles, porque tudo vem de forma muito fácil. Cada filho responde e reage de um jeito particular ao estímulo de cada educador, porque as pessoas são diferentes.

Na interação entre pais e filhos existe sempre uma expectativa emocional de ambas as partes. Os filhos esperam coisas dos pais e estes também o fazem. Os filhos fantasiam o que os pais esperam deles e vice-versa. É algo bem complexo e interligado. Dessa maneira, os pais vão criar expectativas em relação ao desenvolvimento e ao crescimento dos filhos, que se traduzem naquilo que esperam deles no futuro: que tenham sucesso profissional, financeiro, social – ou não. Até aqueles pais que dizem não esperar nada já estão gerando uma expectativa. O nada pode gerar vazio e falta de referência ou mesmo uma liberdade e possibilidade de preenchimento. Depende de como cada um recebe e lida com isso. Essas expectativas vão influenciar as escolhas dos filhos na vida, que vão segui-las ou rebelar-se contra elas.

O que deixar para seus filhos: heranças e legados

Deixar bens materiais para os filhos pode ser interessante como forma de deixá-los amparados. Todavia, existe uma questão importante de ser discutida aqui. Já acompanhamos diversas pessoas que haviam recebido uma boa herança material de seus pais e que, por incrível, que pareça, conseguiram gastar tudo e ainda ficar em uma situação apertada financeiramente. Percebemos que há fatores emocionais importantes atrelados a esse processo. Quando perdemos um ente querido, é importante acessarmos também o que estávamos vivendo com ele antes da sua partida. Estava sendo uma relação próxima, afetiva ou distante e talvez até rancorosa? Muitos filhos, ao perderem seus pais, evocam mágoas ou ressentimentos antigos e misturam esses sentimentos com o dinheiro recebido. É como se o dinheiro e o bem herdado fossem uma extensão da pessoa que se foi. Se há sentimentos de discórdia não processados, estes podem fazer emergir ressentimentos ligados a quem já morreu, impedindo o herdeiro de fazer bom uso da herança. Assim, quem herdou pode apresentar um comportamento destrutivo de gastar rapidamente o que ganhou, sendo essa uma forma inconsciente de se "vingar" de quem faleceu.

É delicado falar sobre o que é melhor deixar para os filhos. Isso é muito relativo, pois depende das necessidades, dos desejos e dos valores de cada família. Em nossa opinião, um bom caminho pode ser o de deixar uma herança afetiva: transmitir um profundo sentimento de amor aos filhos, junto com um sentimento de confiança depositado neles, desenvolvido a partir de inúmeras vivências nas quais o filho se sentiu confiável, aceito e entendido. Uma profunda experiência de pertencimento e respeito pelas características de cada filho, que valorize as diferenças, faz com que os filhos cresçam com uma boa autoestima, ferramenta essa capaz de construir sucesso ou crescimento em qualquer área da vida.

Outro aspecto importante na herança afetiva é a oportunidade que foi dada aos filhos de poderem ter construído fortes laços de amor com os irmãos, que na hora da perda dos pais, podem se unir e se ajudar a enfrentar o luto doloroso. Na ausência de irmãos, a rede de amigos ou o contato construído com os primos podem também oferecer um bom suporte nessa hora.

Se o filho está equipado com essas questões, ele será capaz de construir sua estrutura financeira. Se não, ao receber uma boa soma de dinheiro, isso em vez de ajudá-lo, pode desestruturá-lo ainda mais.

Ver os filhos brigarem ou disputarem fatias de uma herança é algo extremamente triste e lamentável. O dinheiro aqui ocupa um lugar interessante: será que os irmãos estão disputando apenas o dinheiro? Estão reivindicando a reparação de injustiças ou da má distribuição do afeto e da atenção entre eles?

Uma relação de colaboração e não de competição entre os irmãos é uma ótima herança a ser deixada. Os pais, mesmo sem ter a intenção consciente, estimulam seus filhos a se ajudarem ou a disputarem entre si. Uma maneira sutil de ensinar os filhos a competir é fazer comparações entre eles. É mais saudável e respeitoso aceitá-los com seus diferentes ritmos e suas características individuais.

Outro legado especial é oferecer aos filhos uma vivência de amor incondicional, de um amor sem limites. Vocês seriam capazes de dar sua vida para salvar a de seus filhos? Independentemente do que seus filhos fizessem, vocês sentiriam amor por eles? Seus pais fariam o mesmo por vocês?

Os filhos querem muitas coisas que o dinheiro não compra: amor, respeito, tempo livre, contato com a natureza, contato com a família distante, um mundo pacífico e saudável. Criar espaço na agenda, cancelando um compromisso, para poder ficar mais com a família e os filhos é uma experiência marcante a ser deixada para eles. Às vezes, o pai "se mata" de trabalhar para deixar um apartamento para cada filho, e, para isso, ausenta-se muito do seio familiar. Por ironia, pode acontecer que cada um queira, no fundo, apenas ter a convivência dele mais de perto.

Uma boa herança ensina a vivência do prazer das coisas simples da vida: tomar banho de chuva e depois um banho quentinho seguido de um chocolate quente; sentir o ar puro da serra e o cheiro da terra molhada; tomar um banho de sol e depois de mangueira; sujar-se com lama; comer fruta embaixo do pé; sair para caminhar a pé em um dia ensolarado...

Outra herança maravilhosa é oferecer oportunidades para os filhos descobrirem quem realmente eles são, quais são suas essências e ajudá-los a desenvolver seus talentos, respeitando suas características individuais. Isso, no futuro, será fundamental para a escolha de uma profissão que os realize e que possa gerar dinheiro de forma saudável e prazerosa. Para isso, é preciso conviver mais, mostrar-se, rir e chorar juntos. Como os pais não têm podido mais fazer isso, lamentavelmente, os adolescentes chegam cada vez mais perdidos para a escolha profissional e universitária. Não é um alívio para um pai saber que o filho escolheu um caminho que tem a ver com ele e com o qual ele se identifica e colhe bons frutos? Normalmente, é frustrante para um pai/uma mãe ver seu filho infeliz profissionalmente e ainda dependendo de sua ajuda financeira.

Engajem-se juntos em algo que ajude o mundo a se tornar melhor. Ofereçam oportunidades aos filhos de terem contato com comunidades carentes ou de poderem participar de trabalhos voluntários. Essa é uma forma de eles poderem valorizar o que já têm e receberam de vocês, como família.

Pensem no que querem viver na velhice com a família. Se vocês não construíram cumplicidade, intimidade com os filhos, no futuro, provavelmente o contato será mais superficial. Muitos pais se ressentem de os filhos não serem tão presentes em suas vidas como gostariam e ainda se aproximarem buscando o dinheiro deles. É importante avaliar se o dinheiro não foi colocado como um elo que os unia, ao invés do amor e do desejo de compartilhar a vida juntos.

Quando o dinheiro entra no lugar do amor, as relações ficam mais materializadas e os vínculos de dependência financeira são estimulados e construídos. Depender, aqui, é uma forma de pertencer e se sentir ligado, próximo. Na verdade, não podemos colocar o dinheiro no lugar do amor. Embora o dinheiro permeie as relações afetivas, cada um tem seu lugar e seu papel no sistema familiar. O sustento, o cuidado, o amparo vêm para a criança junto com o dinheiro, pois é por meio dele que a comida, as vestimentas e a escola são pagas. Então, na nossa psique o dinheiro vem acompanhado de cuidado e de segurança. Quando o dinheiro e os cuidados afetivos estão muito misturados, tirar o dinheiro de um filho (ou negá-lo) pode ser muito ameaçador porque pode significar perder o vínculo de afeto. Se isso não é mostrado claramente e transformado, provavelmente a dependência financeira se mantém.

Pensem no que querem colher. Plantem agora para colher só depois. Sempre há tempo de mudar. Todavia, não temos garantia de que o fruto será o que esperávamos. Isso não existe. Assim também é para investir no mercado financeiro. Os filhos são livres para nos dar amor e atenção na nossa velhice, se quiserem ou não.

Dinheiro herdado pode ser algo complexo e delicado de administrar. Muitos pais, que não puderam expressar seu amor de forma mais espontânea e carinhosa, podem ver a herança dos bens conquistados como uma oportunidade de reparação do que não puderam fazer, em vida, pelos filhos. Dessa maneira, a herança em dinheiro pode ser uma forma de reparar a pouca assistência emocional ou financeira dada à prole.

Contudo, o patrimônio herdado vem carregado de emoções ambivalentes: tristeza e alegria. Tristeza, pela perda do ente querido; e alegria, com o ganho do dinheiro. Isso acontece especialmente se o herdeiro nutria sentimentos de profundo amor por quem faleceu.

Gastar rápido ou não gerenciar bem a herança ainda podem ser jeitos inconscientes de congelar o luto (congelar aqui significa uma tentativa inconsciente de parar a experiência emocional, para não senti-la profundamente), algo com o que a pessoa acha que não pode lidar, mas pode. Eventualmente, pode ser necessária ajuda profissional e espiritual para atravessar esse caminho. É possível elaborar a perda e ter um sentimento de paz e serenidade em relação a quem se foi.

Manter um negócio ou os bens intocáveis, como o falecido os deixou, às vezes, pode ser uma tentativa inconsciente de manter a energia, a "memória" da pessoa viva. É importante lembrar que aqueles que amamos estarão sempre vivos dentro de nós. Quando a morte é aceita e o luto vivido, quem fica não precisa de coisas externas para se lembrar de quem se foi.

Não conseguir usar o dinheiro herdado pode sinalizar uma dificuldade interna de receber o afeto e o cuidado do genitor que deixou a herança.

Por tudo isso, muitas vezes, a pessoa sente que o bem herdado não é dela. É necessário tomar posse dele, emocional e administrativamente, o que significa assumir uma postura de verdadeiro dono do negócio.

Você já ouviu os ditados populares: "O pai constrói, o filho mantém, o neto destrói"? E ainda: "Avô rico, filho nobre, neto pobre"?

Por que isso acontece? Porque frequentemente o filho não tem o mesmo talento do pai, mas tem de "tocar" o negócio do genitor, porque é mais fácil, é obrigado, é mais cômodo, menos arriscado. Também ocorre a situação de o neto ter acompanhado a luta do avô para construir o patrimônio e sentir pena e culpa de não dar continuidade a isso. O contrário também acontece: o herdeiro não participou dos tempos difíceis de construção do patrimônio e não consegue valorizá-lo.

Para amenizar esses conflitos, o herdeiro necessita lidar com as emoções que precisam ser sentidas e digeridas, vivendo o processo de luto, que envolve raiva, medo, tristeza e abandono. Passado o luto, abre-se espaço para a gratidão, o reconhecimento, o orgulho que se tem pelo doador. O prazer, o alívio e o desfrute que vêm depois vão ser consequência desse processo.

Portanto, construir um belo patrimônio monetário para deixar os filhos amparados pode ser uma ilusão. Isso não é o mais importante. É preciso deixar uma educação consistente, ética, valores e uma boa autoestima, pois eles serão capazes de construir o restante por si mesmos.

Uma excelente herança que os pais podem deixar a seus filhos é a "permissão para o sucesso" e "para serem superados": "Filho(a), você pode ser melhor do que eu!". Se o filho recebe dos pais a aceitação para ser o que quiser ser, do jeito que é, vai, no futuro, encontrar um trabalho que o realizará, indo ao encontro dos desejos da sua alma, da sua essência. Com isso, vai conquistar o que quiser! A permissão interna para o enriquecimento é fundamental para chegar lá!

Abençoar o filho é ter orgulho dele, estimulando-o a ir em busca dos seus sonhos. É fundamental ajudá-lo a confiar nisso: "Como não dá certo ser você? Claro que dá!"; "Filho(a), você pode ser o que quiser ser. Confie nisso. O mundo o(a) espera!". É mais do que falar, é sentir isso verdadeiramente dentro do coração. Ensinar os filhos a confiarem em si mesmos, na sua percepção, nos seus instintos é fundamental. Ensiná-los a terem fé em si, fé na vida, é um dos maiores legados que podemos deixar, pois só confia no outro quem confia em si mesmo!

Os pais passam a permissão e o merecimento para o prazer e para uma vida boa nas frases, nos contatos, nos olhares, nos relacionamentos e pelo modelo deles. Se os pais eram acomodados ou lhes davam "tudo" de mão beijada, sem os estimular a superar dificuldades para conseguir as próprias conquistas, como os filhos vão se permitir ter experiências diferentes das deles para realizar seus desejos? Se, por outro lado, tiveram uma vida dura, sofrida, como os filhos vão descansar e levar a vida de outra forma? Isso significa uma deslealdade... Os filhos podem até conseguir dinheiro, mas talvez precisem trabalhar incansavelmente, como seus pais, sem prazer...

O merecimento tem a ver com o receber. Quantas coisas boas vocês receberam de seus pais? Se faltou muito na família, é preciso buscar, depois, em outras fontes: nos amigos, em uma família querida, às vezes até em uma ajuda profissional. É importante resgatar isso para recuperar o direito de merecer. Acreditem que vocês merecem porque são filhos da Criação Divina (como quer que vocês A concebam), merecem porque estão vivos! Quem se sente merecedor, abre-se para receber mais e mais! Quando estamos verdadeiramente disponíveis e abertos para receber, a fonte aparece: pessoas, situações que nutrem a alma e enchem o peito! Consequentemente, quem recebe mais, pode doar mais e, assim, aumentar o círculo de riqueza do planeta!

Hoje, como adultos, somos responsáveis pela nossa autoestima. Não há mais ninguém para culpar. É nossa tarefa e nossa escolha cuidar de melhorar e aumentar nosso autoamor e a confiança em nós mesmos. Vocês podem escolher ficar remoendo o passado ou ir adiante, buscando novas saídas para velhos problemas. Experimentem fazer os exercícios que estão no bônus deste livro, que podem ser acessados pelo QR code da página 224. Eles oferecem ferramentas de reparação e libertação de amarras do passado, dentre outras.

Por que os filhos esperam e desejam receber uma herança dos pais? O que simboliza o dinheiro herdado para os pais e para os filhos? As vezes os significados são bem diferentes e conflitantes. Quando os filhos sentem que foram nutridos e amparados pelos pais eles se sentem satisfeitos e não "desejam" herança em dinheiro. A herança em dinheiro pode ser uma forma de reparar a pouca assistência emocional ou financeira dada durante a vida dos filhos. Uma herança é como um presente, não é obrigação, mas um ato de carinho e generosidade dos pais para com seus rebentos. Se os filhos estão em paz com os pais isso pode ser recebido como uma dádiva e uma representação do amor e do cuidado dos pais em vida. Nesse caso, se não recebem nada, não há ressentimento, mas um sentimento de profunda gratidão por terem sido bem cuidados e educados. Para quem já está ressentido com os pais e se sentiu pouco amparado e estimulado, não receber nada pode gerar ainda mais ressentimentos. Uma boa herança pode ser não deixar pendências emocionais com os filhos: mágoas, mal-entendidos, situações conflituosas não resolvidas ou esclarecidas. Pais que deixam dívidas financeiras estão em um processo inconsciente, ou consciente, de vingança e hostilidade com os filhos. Pode ter a ver também com o pai se sentir desprezado pelos filhos, não se sentindo amado e respeitado por eles. Pode ser uma forma de castigar os filhos. Podem ainda estar descarregando a raiva que sentem por outras pessoas nos próprios filhos. Provavelmente, também tem a ver com a relação com os próprios pais, no qual se sentiram desvalorizados.

Alguns herdeiros podem ter sentimentos de culpa por estarem recebendo um dinheiro que não foi ganho por eles. E, em função disso, podem encontrar dificuldades em usá-lo de maneira eficaz.

Deixar uma herança material para os filhos pode ser uma forma simbólica de se fazer presente, depois da morte. Uma tentativa inconsciente de oferecer um apoio emocional aos filhos depois da sua partida. Afinal, o dinheiro herdado pode servir para confortar a dor pela perda. Se os filhos sentem-se muito abalados com o falecimento, o dinheiro pode ser um amparo. Se não for algo que vá comprometer a saúde e a qualidade de vida dos pais, pode ser um legado interessante para deixar aos filhos. Todavia, não é razoável que os pais se sacrifiquem para construir um patrimônio, a ponto de prejudicarem a própria vida e a convivência familiar. Além disso não ser justo, essa herança será deixada com uma carga emocional de sofrimento, que será transmitida para a próxima geração.

Planejem a aposentadoria da família

Vocês já pensaram o que serão quando envelhecerem? Sabemos o que pensaram: dois velhos. Certo, mas serão velhos com recursos suficientes para viver com conforto e prazer ou dois velhinhos sem dinheiro, que dependerão da aposentadoria do sistema previdenciário do governo, recebendo pouco e, por falta de recursos, tendo de ficar na frente da televisão todo o tempo?

Considerando que vocês correm o risco de viverem cem anos, a segunda opção pode se tornar muito chata. Já pensaram em quantos mais, além de vocês, estarão na mesma condição? A questão é muito séria, será que os recursos do INSS serão suficientes para sustentar a todos? Será que os recursos ainda serão menores do que o esperado?

Se vocês estão investindo nos filhos para que eles os sustentem na velhice, perguntem-se: já combinamos isso com eles? Já pedimos a eles que não tenham família e filhos?

Além de ser uma inversão na hierarquia familiar, é uma carga emocional e financeira muito alta para os filhos. Já imaginaram como seria a vida de vocês, hoje, se estivessem com a obrigação de sustentar os próprios pais? Gostariam de deixar essa carga para seus filhos em relação a vocês? Esperamos que não! Portanto, planejem muito bem a aposentadoria de vocês.

Planejar a aposentadoria não é ir ao banco e fazer um plano de previdência privada e achar que resolveram a questão. Apesar dos aumentos consideráveis, nos últimos anos, do número de planos de previdência privada, são poucos os que foram planejados de modo adequado. Infelizmente, para a maioria das pessoas que têm planos de previdência faltará dinheiro na velhice. O problema é que as famílias estão investindo pouco e os planos não estão adequados às necessidades futuras.

A maioria dos planos são contratados considerando-se os valores que sobram no orçamento e não os valores necessários para formar um capital que dará ao casal tranquilidade e liberdade financeira.

Para isso é necessário, antes de tudo, saber com que idade o casal se aposentará. Muitos dizem que jamais se aposentarão, que se isso acontecer "enferrujarão" e, por consequência, falecerão em seguida. Quando essa fala vem da boca de um jovem entendemos que isso é dito em função de ele estar cheio de energia e pensar que seu vigor é para sempre. Natural, é a visão do jovem.

Outras vezes, ouvimos dos mais velhos, já sessentões, que "planejar a aposentadoria é bobagem, o negócio é trabalhar até morrer". Entendemos também, mas nesse caso a situação é outra. Normalmente, deixaram para fazer os cálculos para a aposentadoria muito tarde e ao perceber que teriam de investir mensalmente uma quantia muito alta, fora de suas possibilidades, concluíram que não seria mais possível se aposentar e, assim começaram a se justificar. Infelizmente, alguns falam isso para que os jovens possam ouvir.

Na prática, concordamos que se aposentar pode provocar uma "ferrugem mental". Parar de trabalhar pode não ser uma boa decisão, mas por que não diminuir o ritmo, fazer trabalhos voluntários ou simplesmente trabalhar por apenas um período, ou poucos dias na semana, para se manter ativo, passando sua experiência aos jovens e colaborando para a construção de um mundo melhor? Isso não seria ótimo?

Para isso é necessário ter renda, de tamanho suficiente para cobrir as despesas do casal. Esta viria de uma caixa d'água construída e enchida por vocês ao longo dos anos que faltam até a aposentadoria. Chegada a hora, bastaria instalar uma torneira nessa caixa e abri-la, uma vez por mês para jorrar a quantia de que vocês necessitam para viver com a qualidade e a liberdade que merecem.

Agora vem a questão importante: qual é o valor dessa renda em dinheiro de hoje? Supondo que vocês tenham pensado em 10 mil reais por mês e considerando que é viável conseguir uma rentabilidade mensal para o capital existente dentro da sua caixa d'agua de 0,5% ao mês acima da inflação, vocês precisariam de 2 milhões.

Se vocês pensaram em ouros valores, para simplificar a conta, mantendo a rentabilidade acima, basta calcular o valor da renda mensal na aposentadoria e multiplicá-la por 200 e vocês encontrarão o montante necessário para a sua caixa d'agua que desejam. Ficou clara a nossa afirmação de que faltará dinheiro para a maioria das famílias?

Lembram-se daquele dinheiro destinado a "não gastar"? O dinheiro dos velhinhos? É desse que estamos falando. A caixa d'agua só terá a torneira instalada no mês seguinte ao da aposentadoria.

Outra questão importante: considerem a inflação, ela existirá sempre. Como vocês não sabem em que idade o último membro do casal falecerá, a renda deve ser pensada como permanente e, para isso, o cálculo da inflação é primordial.

Para encher essa caixa d'agua serão necessários investimentos regulares, de valores específicos, em função do tempo e do projeto de cada família. Usem as ferramentas já apresentadas neste livro. Para investir melhor ou conhecer outras opções de investimentos, procurem um consultor financeiro independente, de reconhecida experiência, para ajudá-los a sua família na concretização de seus planos.

No entanto, para uma boa aposentadoria, só o dinheiro não é essencial. Em nossa opinião, vocês precisarão de outros itens essenciais: saúde, família, amigos e liberdade.

Primeiro é importante trabalhar o sistema de crenças que têm e acreditar que vocês podem ter uma vida ativa, sem doenças. É necessário compreender que envelhecer é obrigatório, mas que adoecer é opcional. Depois será preciso trabalhar o corpo e a mente, para concretizar isso. Comecem por cuidar muito bem da alimentação, independentemente da idade que vocês tenham e, aliados a isso, pratiquem exercícios físicos regulares.

Cultivem as relações familiares e sociais. Vemos que os idosos entrosados com a família e com os amigos são muito mais felizes e saudáveis, física e emocionalmente.

Por fim, cultivem a liberdade, a começar por simplificar a vida. Quanto mais simples e leves forem suas obrigações, seus afazeres, sua casa, mais fácil será cuidar de tudo, mais fácil será a vida, mais tempo terão para curtir a família – os filhos e os netos – mais tempo terão para viajar, encontrar os amigos, ler, estudar e crescer. Aposentadoria, para quem a planejou, é oportunidade de novas descobertas e uma das fases mais estimulantes da vida, segundo alguns velhinhos lindos que conhecemos, que nos inspiraram e continuam nos inspirando muito.

Preparem seus filhos para a vida sem vocês

Atualmente, muitos jovens adultos moram com os pais e vemos que muitos deles continuam dependentes, mesmo depois de maduros. Em nosso ofício, encontramos vários casos de filhos com mais de 40 anos que ainda recebem ajuda financeira dos pais. E pior, temos assistido a "especialistas" que afirmam que, hoje, é normal o filho morar com os pais, mesmo já formado e com renda própria. Isso pode ser comum, mas não é normal.

Chega uma hora em que o jovem precisa tomar as rédeas de sua vida pessoal, construir seus bens, cuidar de suas finanças. Ter seu canto, seu ninho, sua privacidade. Fazendo isso, estará treinando viver sozinho e cuidar de si, para, mais tarde, cuidar dos outros ao construir a própria família.

Cabe aos pais preparar os filhos para andarem sozinhos e, talvez se acostumarem com a ideia de viver longe deles. Essa preparação não se faz da noite para o dia. É uma tarefa constante, desde a mais tenra idade. Se isso não acontecer, poderão ser construídas doenças, físicas e emocionais.

Comecem por não fazer para os filhos aquilo que eles podem fazer por si mesmos como, por exemplo, as tarefas da escola, a arrumação do quarto etc. Não estamos falando de deixar tudo nas mãos dos filhos, afinal eles muitas vezes precisam de acompanhamento, orientação, supervisão. Contudo, não façam por eles.

Outra ação importante: em um conflito qualquer, muito comum entre crianças, não tomem partido incondicional do filho de vocês, principalmente sem ouvir a outra parte. É importante entender o que o filho fez e qual foi a reação da outra parte e vice-versa. Tomar partido do filho e defendê-lo incondicionalmente pode gerar um adulto sem limites e dependente dos pais para resolver seus problemas.

Também consideramos importante não prometer bens materiais aos filhos. Cumpram com a obrigação de vocês, que é dar-lhes afeto, educação e estudo, promovendo condições para se desenvolverem emocionalmente em um lar repleto de apoio, carinho e amor. O resto é acessório. Não prometam carro, casa, poupança etc. Se possível, e no momento adequado, enfatizem que a obrigação de vocês é dar-lhes sustento e apoio até que eles tenham condições emocionais e financeiras de sair da casa de vocês para montar a deles.

Isso deve ser incentivado e preparado ao longo dos anos. Quando isso acontece, representa uma vitória de pais e filhos. Essa ação traz segurança para o jovem poder cuidar sozinho da casa que montou, se suas roupas, de sua alimentação e de suas finanças. Essa é uma maneira de ele se preparar para constituir uma nova família, pautada no equilíbrio, na organização e nos bons exemplos dos pais.

Não é regra que um filho deva de sair de casa para morar sozinho, mas se ele continuar a morar com vocês, procurem combinar com ele para que colabore com algum item de manutenção da vida da casa, mesmo que, financeiramente, isso não seja necessário para ajudar vocês. Ele pode pagar uma conta ou outra, passar no mercado, de vez em quando, e também colaborar com algum serviço, em dinheiro ou em trabalho pessoal. Isso dará a ele noções de participação, colaboração, generosidade e aumentará a dignidade dele.

Conversem com os filhos sobre os planos que têm para eles. Conhecendo-os, possivelmente ainda adolescentes, poderão reclamar bastante e se comparar com os amigos. Isso é normal, os muito jovens querem ser iguais, para serem aceitos dentro da turma que frequentam. Nessa hora, não se aborreçam. Aproveitem para conversar e explicar que vocês estão fazendo planos para criar um cidadãos íntegros, independentes e felizes, com verdadeira liberdade.

Muitos pais não deixam os filhos saírem de casa por receio de desestabilizar seu casamento. Às vezes, com a saída dos filhos, os pais terão de conviver com mais intimidade, terão de conversar mais, o que pode tornar a rotina muito difícil, uma vez que o casal pode não estar em sintonia. Nesse caso, os pais, muitas vezes inconscientemente, criam um processo de dependência para os filhos para o resto da vida, gerando frustrações e baixa autoestima. Deixem seus filhos buscar os próprios caminhos, quando eles sentirem que é chegada a hora.

Outro lembrete importante para tratar com os filhos é sobre a responsabilidade de cuidar de crianças. Quem cuida dos filhos são os pais e não os avós. Assim talvez eles possam ter mais cuidado antes de uma antes de uma aventura amorosa e, mesmo depois de adultos e casados, poderão planejar melhor um binômio importante para o sucesso da vida financeira: carreira e filhos. Mesmo que os avós tenham tempo, provavelmente não terão a energia necessária para brincar e cuidar de uma criança por longas horas. Se a vida dos avós está vazia e sem sentido, pode acontecer de eles grudarem nos netos para sentirem algum bem-estar. Isso é delicado, pois os filhos precisam muito do contato com os pais do que com os avós. Estes podem ajudar, mas não têm a responsabilidade de educar. Avós são para brincar e curtir os netos.

E, por fim, evitem socorrer seus filhos financeiramente. Agindo assim, eles saberão que devem manter um padrão financeiro adequado aos seus ganhos, mesmo que pequenos. De outra forma, eles poderão entender que podem fazer o que quiserem e, caso o dinheiro não dê, tem o papai ou a mamãe para socorrê-los. Além de isso ser infantilizador para eles, pode tirar-lhes a dignidade e a capacidade de se sustentarem.

Autonomia financeira e maturidade

Autonomia financeira e maturidade andam lado a lado. O dinheiro é somente a ponta do *iceberg*. Quanto mais estruturados vocês estiverem, quanto melhor estiverem as trocas na família, quanto mais organizados, quanto mais maduros, melhor estará o dinheiro de vocês.

Portanto, é importante entender que o dinheiro é só o reflexo de como a família se encontra em termos emocionais e organizacionais, incluindo aqui o conhecimento e a educação financeira.

Conhecemos pessoas que têm patrimônio, mas não são ricas, não têm autonomia financeira, pois seu patrimônio não é rentável, só lhes dá despesas. Muitas não o trocam pois pensam que, se venderem-no e colocarem o dinheiro em uma aplicação financeira, vão gastá-lo rapidamente, pois não têm maturidade para administrá-lo. Em termos financeiros, são como crianças: o dinheiro precisa estar longe e protegido delas.

Outras dizem que se não fizerem uma prestação não conseguem juntar nada, pois não tendo a obrigação de pagar uma dívida a alguma instituição financeira, não são capazes de poupar. Nesse caso, a falta da maturidade as obriga a pagar juros pela vida afora, impedindo-as de ter autonomia financeira no futuro.

Por outro lado, existem pessoas cuja maior parte do patrimônio se resume a dinheiro no banco. Os valores, muitas vezes, não são muito altos, mas muito rentáveis. Com isso, desfrutam de liberdade para mudar de planos a hora que bem entenderem, de migrar seus investimentos para aonde os ventos da economia melhor soprarem e viverem com muita autonomia. A característica marcante dessas pessoas é a maturidade. Elas são seguras de si, usam bem o dinheiro e desfrutam dele com prazer.

São organizadas, cumpridoras das normas, pontuais e responsáveis. Fazem contas, dedicam tempo ao dinheiro, verificam se podem fazer certas coisas e se não podem, sabem esperar, planejando cada ação futura. Têm paciência e perseverança. São adultos íntegros.

Para ter autonomia financeira é necessário também conhecer as lides do uso do dinheiro. É preciso ser independente para não esperar soluções de terceiros, inclusive do governo e não fazer o que todo mundo faz.

Portanto, não se comparem com os outros, principalmente em questões financeiras. As pessoas são diferentes na sua essência, na sua educação, na renda, nas necessidades e nos desejos, na sua percepção de mundo e na sua forma de realizar as coisas. Percebam-se. Vejam o que vocês podem fazer por si e pela família de vocês para viverem com autonomia financeira.

Conhecemos uma pessoa que possui uma fortuna em um único imóvel. Este não lhe gera renda e serve apenas como um troféu para mostrar aos amigos e posar de rica. Como tem dívidas, ela não consegue financiamento para tornar o imóvel produtivo.

Essa pessoa já está no momento de se aposentar e não pode parar de trabalhar pois necessita de renda para sustentar a família, o imóvel e pagar as dívidas que tem. Se o imóvel for vendido e as dívidas pagas, o que sobrar poderá ser aplicado em fundos de renda fixa. Nessa condição, é possível, descontando os impostos e a inflação, oferecer a essa pessoa, um rendimento mensal, que ela, mesmo ganhando muito bem, jamais sonhou em receber.

Todavia, ela não quer mudar. Sequer considera vender parte da propriedade que é muito grande. Sua crença de que "imóveis não se vendem" é muito forte. Ela só ouve e confia nos amigos, que têm a mesma crença e não possuem conhecimento do mercado financeiro. Não percebe que, para mostrar aos amigos que é rica, ela trabalha em um ritmo alucinante, sem a menor necessidade, mantendo-se em alto nível de estresse todo o tempo. Ela só curte a vida quando recepciona os amigos, uma ou duas vezes por mês no seu imóvel. Ela recebe muito pouco pelo dinheiro lá empregado.

Desse modo ela não tem autonomia financeira, não consegue diminuir o ritmo de trabalho, mesmo sabendo que precisa, não pode parar sequer uns dias para umas merecidas férias, nem fazer uma viagem curta de lazer, mesmo tendo um belíssimo patrimônio. É uma pessoa milionária e pobre, por não ter autonomia financeira.

Casos assim acontecem em muitas famílias, de diversas maneiras. Com imóveis, automóveis, barcos, tecnologia, *status* em geral e até com a educação dos filhos, quando os pais, mesmo não podendo, mantêm os filhos em caras escolas, dando a eles maus exemplos financeiros, mas um excelente ensino que, muito provavelmente, pouco lhes adiantará. Com uma ótima bagagem educacional, os filhos poderão, no futuro, ter ótimos salários, mas, isso não garante autonomia financeira, porque o comportamento financeiro dos pais, na maioria das vezes é herdado e copiado.

Para o dinheiro de vocês crescer e manter-se, ele dependerá única e exclusivamente das atitudes que decidirem acatar. Não dependerá de ninguém mais. Por isso, a maturidade e a autonomia financeira de vocês caminharão.

Palavras finais

Ao ler e aplicar o que foi orientado nesta obra, temos certeza de que vocês modificarão substancialmente a relação que têm com o dinheiro, em seus aspectos ocultos, psicológicos e também práticos. O método de organização financeira aqui proposto fará com que deixem de pagar juros e passem a recebê-los. Esses recursos serão seus e, ao longo do tempo, darão à família de vocês muita tranquilidade e liberdade financeira para realizar seus sonhos.

Agora vocês têm condições de perceber que o dinheiro é algo importante, mas não pode anteceder os valores e os sentimentos afetivos dentro da estrutura familiar. As famílias estão sedentas de afeto, respeito e convivência. Se puderem cuidar das relações afetivas, dentro do lar de vocês, como jardineiros cuidadosos, com certeza, florescerão muitas habilidades e muitos talentos. Se investirem na melhoria da convivência familiar, limpando conflitos, certamente conseguirão construir mais riqueza em todas as áreas. Transformando a família – que é um pequeno mundo – em um espaço mais amoroso e rico, aos poucos, poderão colaborar para toda a sociedade também enriquecer!

Uma família que é cooperativa, integrada e que cuida de seus conflitos emocionais é capaz de prosperar. A prosperidade aqui nos remete à vida e a tudo o que ela abarca: saúde, amor, crescimento, felicidade, paz... Ao olhar para a riqueza da vida, lembrem-se de reportar-se à figura de seus pais, aqueles por meio de quem a vida chegou até vocês. Neles estão o ponto de partida para o enriquecimento. Se os aceitarem e os honrarem, tendo profundo sentimento de gratidão por tudo o que eles lhes deram e transmitiram, enriquecer é possível. É apenas uma questão de tempo, dedicação e utilização das ferramentas adequadas.

Agora vocês têm condições de mudar as crenças e as convicções internas que aprenderam a respeito das finanças, criando "novos filmes" em suas mentes, que os inspirem a chegar aonde querem. Sintam-se confiantes e seguros para definir para onde querem olhar a partir de agora e no que querem acreditar.

Vivenciando o que propomos neste trabalho, vocês poderão interromper a sequência geracional de dificuldades financeiras, relacionadas não só ao captar dinheiro, como também a mantê-lo, desfrutá-lo e fazê-lo crescer. Libertando-se do passado, vocês poderão verdadeiramente viver o presente e criar o futuro, pois estarão livres das amarras para construir a tão sonhada autonomia financeira.

Ao organizar as finanças de sua família, vocês estarão colaborando não só para a harmonia familiar, mas também para o crescimento do nosso país como um todo. Educar os filhos integralmente (e aqui se inclui educá-los também financeiramente) é uma forma de criar cidadãos conscientes e fortes para construírem um mundo realmente melhor para as futuras gerações!

Esse é um dos maiores legados que vocês podem deixar para seus herdeiros: uma vida pregressa organizada, limpa, livre de conflitos! Dessa maneira, eles podem realmente viver a vida deles, sem carregar o fardo de ninguém.

Para essa caminhada, lembrem-se de um remédio da vida: respirem fundo e sintam seus antepassados nas suas costas, dando-lhes força e apoio. Vocês podem! Construam a fortuna que desejam!

O caminho da transformação financeira é para todo dia e para toda a vida. Ele nunca estará pronto e acabado, assim como o nosso autoconhecimento. Ao longo da estrada, vocês poderão mudar de direção e desejos. E isso é ótimo, pois significa que vocês estão vivos, percebendo seus sentimentos e as demandas do momento. A vida traz movimento e mudança, sempre!

Invistam na saúde emocional e financeira de vocês, procurando descobrir coisas que possam ajudá-los a se aprimorar constantemente. Leiam mais, façam cursos, experimentem comportamentos novos. Compartilhem suas descobertas com sua comunidade. Ao se tornarem pessoas mais sábias e experientes, vocês poderão formar novos indivíduos que ajudarão a melhorar a qualidade de vida do planeta.

Queremos convidar vocês, sua família e muitos outros a se juntarem a nós, neste trabalho de difundir a educação financeira em nosso país. Sintam-se como agricultores que plantaram árvores que geraram frutas doces em um pomar. Imaginem-se em um futuro promissor. Visualizem gerações à frente, nas quais seus netos, bisnetos e tataranetos estarão vivendo um mundo melhor, mais justo, saudável e equilibrado.

Vejam seus descendentes realizando os projetos (deles!), vivendo a vida de forma harmoniosa, desfrutando de um bem que vocês deixaram para a humanidade!

Vocês também podem fazer parte disso. Viver uma vida boa pode estar mais próximo do que vocês imaginam. Comecem hoje mesmo esse trabalho e vocês também desfrutarão dessa vida mais equilibrada e feliz. Essa empreitada pode ser muito prazerosa. Estamos torcendo para que essa decisão traga muita união e riqueza para vocês e toda a família!

Escrever esta obra foi extremamente gratificante para nós, pois, além de podermos elaborar e lapidar nossas ideias, sentimo-nos dividindo e compartilhando com a sociedade tudo o que vimos plantando e colhendo ao longo desses anos de estudos e trabalho.

Esperamos tê-los estimulado a buscar soluções para atingir êxito na vida financeira da família de vocês. Torcemos para que busquem oportunidades de investimento que lhes permitam atingir a sonhada independência. Desejamos que assim vocês colaborem com o enriquecimento de outras famílias, ampliando esta corrente de prosperidade. Sejam felizes!

Referências bibliográficas

ADALGISA, F. *O devedor*: a luta para vencer a guerra das dívidas. São Paulo: JSN Editora, 1999.

ALVES, Rubem. *Estórias de bichos*. Ilustração de André Ianni. 13. ed. São Paulo: Loyola, 2004.

ARANHA, A. Falidos antes da hora. *Revista Época*, Rio de Janeiro, n. 389, 2005. Disponível em: <http://revistaepoca.globo.com/Epoca/0,6993,EPT1061890-1664,00.html>. Acesso em: 17/01/2007.

ASSAF NETO, A. *Mercado financeiro*. São Paulo: Atlas, 2006.

BALONA, Malu. *Autocura através da reconciliação:* um estudo prático sobre a afetividade. 2. ed. Rio de Janeiro: Instituto Internacional de Projeciologia e Conscienciologia, 2004.

BEATTIE, Melody. *Codependência nunca mais*. Tradução de Marília Braga. Rio de Janeiro: Record, 1999.

BERNE, Eric. *Os jogos da vida*. Rio de janeiro: Artenova, 1977.

_____. *Sexo e amor*. 2. ed. Tradução de Pedro Lourenço Gomes. Rio de Janeiro: José Olympio, 1988.

BONDER, Nilton. *A cabala do dinheiro*. Rio de Janeiro: Imago, 1991.

BOTTON, Alain de. *Desejos de status*. Tradução de Ryta Vinagre. Rio de Janeiro: Rocco, 2005.

BRASIL. Banco Central do Brasil. *Banco Central: fique por dentro*. Brasília: BCB, 2004.

_____. Banco Central do Brasil *O pagamento mágico*. Brasília: BCB, 2006.

BUSSINGER, Eliana. *As leis do dinheiro para mulheres*: como nossas mães, nunca mais. Rio de Janeiro: Elsevier, 2005.

_____. *A dieta do bolso*: disciplina para seu bolso e seu corpo. Rio de Janeiro: Elsevier, 2008.

CALDAS, Rogério. *A vida é um combate, sucesso é dor:* manual de sobrevivência para um mercado de alta competição. Recife: Markação, 2002.

CAMPBELL, Joseph. *O poder do mito*. São Paulo: Palas Athena, 1990.

CASARJIAN, Robin. *O livro do perdão*: o caminho para o coração tranquilo. 2. ed. Tradução de Pedro Luiz Vasquez Ribeiro. Rio de Janeiro: Rocco, 1994.

CERBASI, G. *Casais inteligentes enriquecem juntos*. São Paulo: Gente, 2004.

_____. *Dinheiro, os segredos de quem tem:* como conquistar e manter sua independência financeira. São Paulo: Gente, 2003.

CHOPRA, Deepak. *As sete leis espirituais do sucesso*. 8. ed. Tradução de Vera Caputo. São Paulo: Best Seller, 1994.

_____. *Criando prosperidade*: a consciência da fartura no campo de todas as possibilidades. 18. ed. São Paulo: Best Seller, 2002.

CLASON, George S. *O homem mais rico da Babilônia*. 2. ed. Tradução de Luiz Cavalcanti de M. Guerra. Rio de Janeiro: Ediouro, 1997.

D'AQUINO, Cássia. *Educação financeira:*20 dicas para ajudar você a administrar sua mesada. 2. ed. São Paulo: Me Poupe, 2001.

_____. *Educação financeira:* 20 dicas para ajudar você a educar seu filho. 2. ed. São Paulo: Me Poupe, 2001.

DE MASI, Domenico. *O ócio criativo*. Rio de Janeiro: Sextante, 2000.

EKER, T. Harv. *Os segredos da mente milionária*. Tradução de Pedro Jorgensen Júnior. Rio de Janeiro: Sextante, 2006.

EPSTEIN, Gerald. *Imagens que curam*. 9. ed. Rio e Janeiro: Xenon, 1990.

FERREIRA, A. B. H. *Novo Dicionário Aurélio da Língua Portuguesa*. 2. ed. revisada e aumentada. Rio de Janeiro: Nova Fronteira, 1986.

FERREIRA, V. R. M. *Decisões econômicas:* você já parou para pensar? São Paulo: Saraiva, 2007.

_____. *Psicologia Econômica:* estudo do comportamento econômico e da tomada de decisão. São Paulo: Coleção Expo Money Pro, 2008.

FORTUNA, E. *Mercado financeiro:* produtos e serviços. Rio de Janeiro: Qualitymark, 1999.

FRANKEL, Lois P. *Mulheres boazinhas não enriquecem*. 16. ed. Tradução de Dinah de Abreu Azevedo. São Paulo: Gente, 2006.

FRANKENBERG, Louis. *Guia prático para cuidar do seu orçamento:* viva melhor sem dívidas. Rio de Janeiro: Campus, 2002.

_____. *Seu futuro financeiro*. 9. ed. Rio de Janeiro: Campus, 1999.

GAWAIN, Shakti. *A visualização criativa pode mudar sua vida*. Rio de Janeiro: Sextante, 2002.

GIANNETTI, Eduardo. *O valor do amanhã:* ensaio sobre a natureza dos juros. São Paulo: Companhia das Letras, 2005.

GOLEMAN, Daniel. *Inteligência emocional.* Rio de Janeiro: Objetiva, 1996.

GRODDECK, Georg. *O livro dIsso*. Tradução de José Teixeira Coelho Netto. São Paulo: Perspectiva, 2008.

GRUPOS FAMILIARES AL-ANON DO BRASIL. *Como o Al-Anon funciona, para familiares e amigos de alcoólicos*. 4. ed. São Paulo: Os Grupos, 2005.

_____. *Convivendo com um alcoólico sóbrio*: um outro começo. 6. ed. São Paulo: Os Grupos, 2002.

_____. *Coragem para mudar:* um dia de cada vez no Al-Anon II. 7. ed. São Paulo: Os Grupos, 2002.

_____. *O dilema de um casamento com um alcoólico*. 4. ed. São Paulo: Os Grupos, 1997.

GUIA DE FINANÇAS PESSOAIS. *Revista Você S/A*. São Paulo: Abril (Coleção Meu Dinheiro).

HALFELD, Mauro. *Investimentos*: como administrar melhor o seu dinheiro. São Paulo: Fundamento Educacional, 2001.

_____. *Seu imóvel:* como comprar bem. São Paulo: Fundamento Educacional, 2002.

HAY, Louise L. *Aprendendo a gostar de si mesmo*. Tradução de Beatriz Mendes Carneiro. Rio de Janeiro: Sextante, 2001.

_____. *Meditações para curar sua vida*. Tradução de Jane Valeriano. Rio de Janeiro: Best Seller, 2006.

_____. *Você pode curar sua vida*. Tradução de Evelyn KayMassako. 11. ed. Rio de Janeiro: Best Seller, 2007.

HELLINGER, Bert. *Ordens do amor*. Tradução de Newton de Araújo Queiroz. São Paulo: Cultrix, 2001.

HELLINGER, Bert; BEAUMONT, Hunter. *Touching love* – A teaching seminar with Bert Hellinger an Hunter Beaumont. New York: Zeig, Tucker & Theisen, 2001.

_____. *A simetria oculta do amor: porque o amor faz os relacionamentos darem certo*. Tradução de Gilson César Cardoso de Sousa; revisão técnica de Esther Frankel, Milton Corrêa e MimansaFarny. São Paulo: Cultrix, 2006.

_____. *Ordens da ajuda*. Tradução de TsuyukoJinno-Spelter. Patos de Minas: Atman, 2005.

_____. *Para que o amor dê certo:* o trabalho terapêutico de Bert Hellinger com casais. Tradução de Eloisa GiancoliTironi, TsuyukoJinno-Spelter. São Paulo: Cultrix, 2006.

HILL, Napoleon. *Chaves para o sucesso:* os 17 princípios da realização pessoal. 2. ed. Rio de Janeiro: Record, 1996.

JAMES, Muriel; SAVARY, Louis. *Um novo "eu":* autoterapia pela análise transacional. São Paulo: Ibrasa, 1982.

KATZ, Lawrence C.; RUBIN, Manning. *Mantenha seu cérebro vivo:* exercícios neuróbicos para ajudar a prevenir a perda de memória e aumentar a capacidade mental. Tradução de Patrícia Lehmann. Rio de Janeiro: Sextante, 2000.

KEEFFE, Carol. *Faça o máximo com o dinheiro que você já tem.* Rio de Janeiro: Campus, 1997.

KIYOSAKI, Robert T.; LECHTER, Sharon L.C.P.A. *Pai rico, pai pobre*: o que os ricos ensinam a seus filhos sobre dinheiro. 7. ed. Tradução de Maria Monteiro. Rio de Janeiro: Campus, 2000.

KLAINER, Pamela York. *How much is enough?* – Harness the power of your money story – and change your life. New York: Basic Books, 2002.

KRISHNANANDA. *O amor não é um jogo de criança*: livre-se dos seus antigos medos e veja quem você realmente é. Tradução de Vera Caputo. São Paulo: Gente, 2003.

LA FONTAINE. *Fábulas de La Fontaine.* Tradução de Bocage. Rio de Janeiro: Brasil-América,1985.

LÔBO, Adriana Marques. *Codependência emocional*: saia dessa!, Brasília, *Correio Brazilliense*, 15 jun. 2003.

LOPES, L. M. et al. *Manual de macroeconomia:* nível básico e nível intermediário. 2. ed. São Paulo: Atlas, 2000.

LOWEN, Alexander. *Amor e orgasmo:* guia revolucionário para a plena realização sexual. Tradução de Maria Silvia Mourão Netto. São Paulo: Summus, 1988.

MACEDO JUNIOR, Jurandir Sell. *A árvore do dinheiro*: guia para cultivar a sua independência financeira. Rio de Janeiro: Elsevier, 2007 (Coleção Expo Money).

MADANES, Cloé; MADANES, Cláudio. *O significado secreto do dinheiro.* Tradução de Suzana Maria Diniz Lopes Figueiredo. São Paulo: Editorial Psy, 1997.

MALDONADO, Maria Tereza. *Histórias da vida inteira:* um guia para reflexão e trabalho de evolução pessoal para gente de todas as idades. 2. ed. São Paulo: Saraiva, 1994.

MARTINS, J. P. *Educação financeira ao alcance de todos:* adquirindo conhecimentos financeiros em linguagem simples. São Paulo: Fundamento, 2004.

MEU DINHEIRO. São Paulo: Abril, ano 1, n. 1, maio 2001.

_____. São Paulo: Abril, ano 1, n. 2, jun. 2001.

_____. São Paulo: Abril, ano 1, n. 3, jul. 2001.

_____. São Paulo: Abril, ano 1, n. 7, nov. 2001.

_____. São Paulo: Abril, ano 1, n. 9, jan. 2002.

_____. São Paulo: Abril, ano 2, n. 11, mar. 2002.

MILITÃO, Albigenor; MILITÃO, Rose. *S.O.S. Dinâmica de Grupo.* Rio de Janeiro: Qualitymark, 1999.

MODERNELL, Álvaro. *O poço dos desejos*. Ilustrações de Cibele Santos. Brasília: [s.n.], 2007.

_____. *O pé de meia mágico*. Ilustrações de Cibele Santos. 2. ed. Brasília: [s.n.], 2007.

_____. *Paulina e o ipê-amarelo*. Ilustrações de Cibele Santos. 2. ed. Brasília: [s.n.], 2007.

_____. *Zequinha e a porquinha poupança*. Ilustrações de Cibele Santos. 4. ed. Brasília: [s.n.], 2007.

MURPHY, Joseph. *O poder do subconsciente*. Tradução de Pinheiro de Lemos. 24. ed. Rio de Janeiro: Record, 1963.

NAMKA, Lynne. *A síndrome do capacho*. Rio de Janeiro: Record, 1993.

NEEDLEMAN, Jacob. *O dinheiro e o significado da vida*. 10. ed. São Paulo: Cultrix, 2007.

O PODER DO DINHEIRO. São Paulo: Martin Claret, 1994 (Coleção O Poder do Poder).

O'CONNOR, Joseph; SEYMOUR, John. *Introdução à programação neurolinguística*: como entender e influenciar as pessoas. 5. ed. Tradução de Heloísa Martins-Costa. São Paulo: Summus, 1995.

ORMAN, Suze. *The courage to be rich:* creating a life of material and spiritual abundance. New York: Riverhead Books, 1999.

PAUPITZ FILHO, Júlio. *O alcoólico*. [S.l]: Relisul, 1987.

PEASE, A.; PEASE, B. *Por que os homens fazem sexo e as mulheres fazem amor?* – Uma visão científica (e bem-humorada) de nossas diferenças. Rio de Janeiro: Sextante, 2000.

PEREIRA, Glória Maria Garcia. *A energia do dinheiro:* estratégias para reestruturar sua vida financeira. São Paulo: Gente, 2001.

_____. *As personalidades do dinheiro:* como lidar com dinheiro de acordo com o seu estilo pessoal. Rio de Janeiro: Elsevier; São Paulo: Sinergia Consultores, 2005.

PETTIT, Sabina. *Abundance Program.* Canadá, 1992.

PERT, Candance B. *Molecules of emotions*: the science behind mind – body medicine. New York: Simon & Schuster, 2004.

PHILLIPS, Michael. *As sete leis do dinhei*ro. São Paulo: Madras, 1999.

PINOTI, José A. *Arte de enriquecer*: princípios da psicologia financeira. São Paulo: Sapienza Editora, 2004.

PONDER, Catherine. *Leis dinâmicas da prosperidade:* como desenvolver a força do pensamento promissor. 39. ed. Tradução de Helena Khouri. São Paulo: Ibrasa, 2007.

PRICE, Deborah L. *Terapia do dinheiro:* usando os oito tipos de relação com o dinheiro para criar riqueza e prosperidade. São Paulo: Best Seller, 2001.

REDFIELD, Salle Merrill. *Descobrindo a alegria de viver.* Rio de Janeiro: Sextante, 2000.

REICHERT, Evânia Astér. *Infância, a idade sagrada:* anos sensíveis em que nascem as virtudes e os vícios humanos. Porto Alegre: E. A. Reichert, 2008.

REVISTA LEI DA ATRAÇÃO. São Paulo: Grupo Domo, ano I, n. 3, 2007.

REVISTA PLANETA. Meditação, inteligência emocional e transformação no século 21. São Paulo: Três [2000-2008].

RIBEIRO, Lair. *Prosperidade:* fazendo amizade com o dinheiro. 53. ed. Rio de Janeiro: Objetiva, 1992.

_____. *Emagreça comendo.* 5. ed. Rio de Janeiro: Objetiva, 1993.

RIBEIRO, Jonas. *A bicicleta voadora.* Ilustrações de Ana Terra. São Paulo: Elementar, 2006.

ROACH, Gueshe Michael. *O lapidador de diamantes:* estratégias de Buddha para gerenciar seus negócios e sua vida. Tradução de Emma Stedile. São Paulo: Gaia, 2001.

ROBBINS, Anthony. *Poder sem limites.* 2. ed. Tradução de Muriel Alves Brazil. São Paulo: Best Seller, 1987.

ROBL, Ingala. Consciência da Prosperidade. Seminário Vivencial, México/Brasil, 2008.

SALVI, Renata de; ROSSI, Renata. Retratos da mudança. *Visualização criativa.* São Paulo: Digerati, ano I, n. 3, p. 06-09 [2000-2008].

SHINYASHIKI, Roberto. *O sucesso é ser feliz*. 91. ed. São Paulo: Gente, 1997.

SMITH, K, C. *As 10 principais diferenças entre os milionários e a classe média*. Rio de Janeiro: Sextante, 2009.

STANLEY, Thomas J.; DANKO, William, D. *O milionário mora ao lado*. São Paulo: Manole, 1999.

SURYAVAN SOLAR. *El paraíso de la abundancia:* diálogos secretos. Santiago: Condor Blanco, 2001.

TAYLOR, Betsy. *O que as crianças realmente querem que o dinheiro não compra*. Tradução de Simone Lemberg Reisner. Rio de Janeiro: Sextante, 2006.

TOLOTTI, M. *As armadilhas do consumo*: acabe com o endividamento. Rio de Janeiro: Elsevier, 2007.

TZU, S. *A arte da guerra*. 18. ed. Rio de Janeiro: Record, 1996.

WALSCH, Neale Donald. *Conversando com Deus*: um diálogo sobre os maiores problemas que afligem a humanidade. 13 ed. Livro I. Tradução de Clara Fernandes. Rio de Janeiro: Ediouro, 2000.

WILHELM, Richard. *I Ching:* o livro das mutações. 9. ed. Tradução de Alayde Mutzenbecher e Gustavo Alberto Corrêa Pinto. São Paulo: Pensamento, 1982.

Para ler o código a seguir, baixe em seu celular, *smartphone*, *tablet* ou computador um aplicativo para leitura de QR code. Abra o aplicativo, aponte a câmera de seu aparelho ou a *webcam* de seu computador para a imagem abaixo e acesse
um bônus com 20 exercícios que você poderá fazer em família.

www.editoragente.com.br/familia-afeto-financas

Este livro foi impresso pela gráfica Paym em papel *offset* 75 g.